ASIATISCHE FORSCHUNGEN

MONOGRAPHIENREIHE
ZUR GESCHICHTE, KULTUR UND SPRACHE
DER VÖLKER OST- UND ZENTRALASIENS

Herausgegeben von
Walther Heissig und Thomas O. Höllmann
unter Mitwirkung von Herbert Franke und Charles R. Bawden

Band 138

1999
Harrassowitz Verlag · Wiesbaden

BOTSCHAFTEN AN DIE GÖTTER

RELIGIÖSE HANDSCHRIFTEN DER YAO
Südchina, Vietnam, Laos, Thailand, Myanmar

Herausgegeben von
Thomas O. Höllmann und Michael Friedrich

Mit Beiträgen von

Lucia Obi
Shing Müller
Xaver Götzfried

1999

Harrassowitz Verlag · Wiesbaden

Das Signet ist der Wiedergabe eines Talismans im *Chaodu shu* (Cod. sin. 544) entnommen.

Abbildungsnachweise:
I.1: Guangxi Zhuangzu zizhiqu minzu shiwu weiyuanhui (Hrsg.) 1990 *Yazu*. Nanning: Renmin chubanshe. S. 37.
I.2: Paul und Elaine Lewis 1984 *Völker im Goldenen Dreieck*. Stuttgart: Edition Hansjörg Mayer. S. 134.
II: Shiratori Yoshirô (Hrsg.) 1978 *Tônan-Ajia sanchi minzoku shi - yao to e no rinsetsu shoshuzoku*. Tōkyô: Kodansha. S. 220, Abb. 3.
Karte nach Jacques Lemoine 1982 *Yao Ceremonial Paintings*. Bangkok: White Lotus Co. S. 19.
Alle anderen Abbildungen: Bayerische Staatsbibliothek München.

Dieser Band erscheint gleichzeitig als Band 71 der Reihe Ausstellungskataloge/Bayerische Staatsbibliothek.

Die Deutsche Bibliothek – CIP-Einheitsaufnahme

Botschaften an die Götter : religiöse Handschriften der Yao ;
Südchina, Vietnam, Laos, Thailand, Myanmar / hrsg. von Thomas O. Höllmann und Michael Friedrich. Mit Beitr. von Lucia Obi ; Shing Müller ; Xaver Götzfried
Wiesbaden : Harrassowitz, 1999
(Asiatische Forschungen ; Bd. 138)
ISBN 978-3-447-04203-1

Otto Harrassowitz GmbH & Co. KG
Kreuzberger Ring 7c-d, D-65205 Wiesbaden,
roduktsicherheit.verlag@harrassowitz.de

Gedruckt auf alterungsbeständigem Papier.
Druck und Verarbeitung: BoD, Hamburg
Printed in Germany

ISSN 0571-320X
ISBN 978-3-447-04203-1

Inhalt

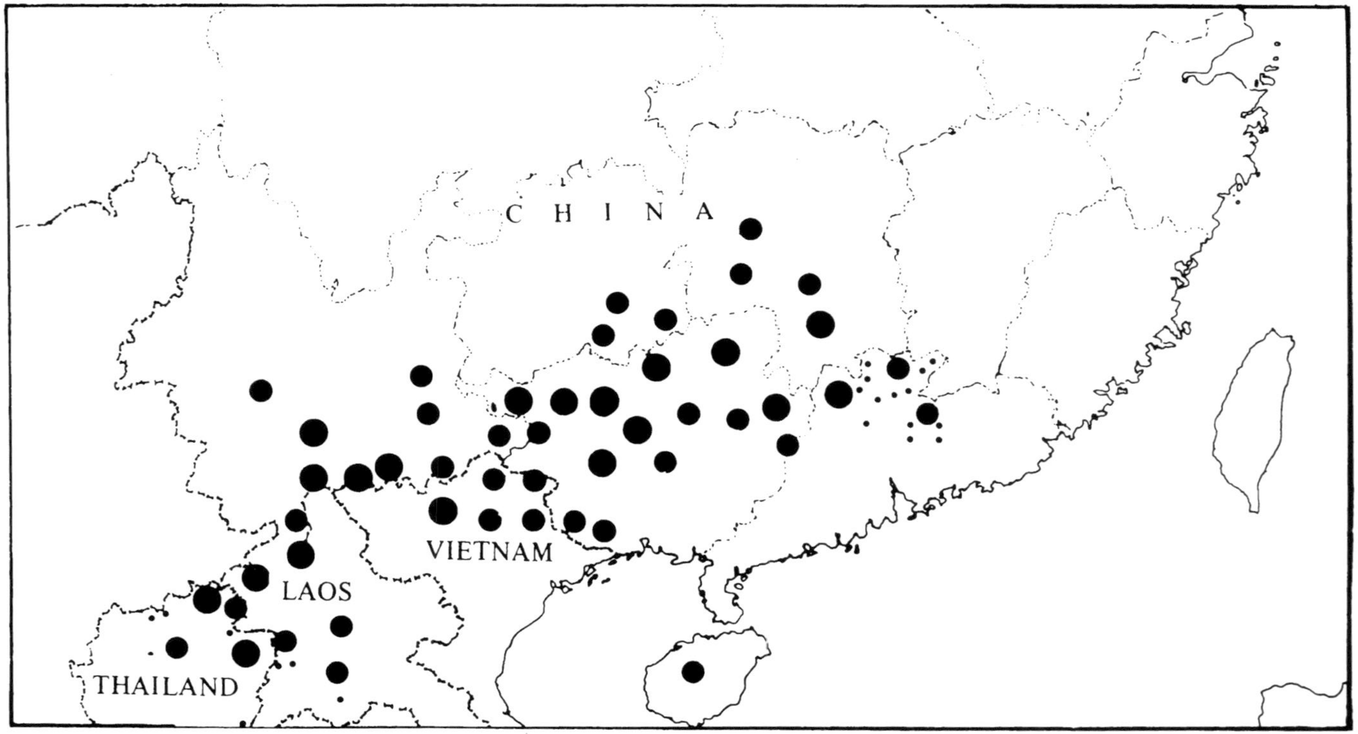

Siedlungsgebiete der Yao

Vorwort

Dieser Band will die Yao-Sammlung der Bayerischen Staatsbibliothek erstmals in der breiten Öffentlichkeit vorstellen. Er hat sich aber auch vorgenommen, die Fachwelt in knapper Form über vier Jahre intensiver Forschungsarbeit zu informieren. Als Katalog zu einer gleichlautenden Ausstellung ist er daher vor allem dem Bemühen um Synthese und Allgemeinverständlichkeit verpflichtet, als Monographie in einer wissenschaftlichen Reihe hingegen auch der Untersuchung komplexer Teilaspekte und dem Streben nach terminologischer Präzision. Das bedingt Kompromisse, und nicht immer können beide Zielsetzungen vollständig in Einklang gebracht werden. Dafür bitten wir um Verständnis.

Die Münchner Yao-Sammlung gehört zu den bedeutendsten der Welt. Das Verdienst, diese Bestände erworben, gemehrt und gehegt zu haben, gebührt – neben Herrn Dr. Günter Grönbold von der Orientabteilung – in erster Linie dem ehemaligen Leiter der Handschriftenabteilung, Herrn Dr. Karl Dachs, und seinem Nachfolger, Herrn Dr. Ulrich Montag, sowie ihren Mitarbeitern Herrn Dr. Dieter Kudorfer und Frau Dr. Brigitte Gullath. Ihnen ist für ihr Engagement ebenso zu danken wie den Mitarbeitern des Instituts für Buchrestaurierung (Leitung Dr. Helmut Bansa). Ohne die Unterstützung durch Heidi Fischer, Luise Karl, Barbara Wittstatt, Barbara Wiegel, Ishii Ritsûko und Monika Dreher wären manche Objekte heute nicht präsentabel. In der Fotostelle (Leitung Roman Christl) nahm sich hingegen Angelika Utz der Handschriften an. Mit Hilfe ihrer Aufnahmen sind im Katalog zuweilen Details zu erkennen, die bei den Originalen kaum sichtbar sind. Insbesondere ist auch dem Direktor der Bayerischen Staatsbibliothek, Herrn Dr. Hermann Leskien, zu danken, der sich stets für eine intensive Zusammenarbeit mit der Universität einsetzt. Das Staatliche Museum für Völkerkunde (Leiter der Ostasienabteilung Dr. Bruno Richtsfeld) hat freundlicherweise einige Rollbilder der Yao als Leihgaben für die Ausstellung zur Verfügung gestellt.

Die wissenschaftliche Erschließung der Yao-Sammlung wurde über vier Jahre durch die *Deutsche Forschungsgemeinschaft* finanziert. Ihr – und namentlich den damit befaßten Referenten, Herrn Dr. Jochen Briegleb und Herrn Dr. Guido Lammers, – gebührt unser aufrichtiger Dank. Durch die DFG wurde die Beschäftigung von drei Mitarbeitern gesichert: Dr. Xaver Götzfried, Dr. Shing Müller und Lucia Obi. Von ersterem stammt auch das Layout des Bandes, auf den Schultern der beiden zuletzt Genannten lag die Hauptlast der Ausstellungsvorbereitung – zusammen mit Frau Uta Weigelt, die sie bei der Organisationsarbeit unterstützte. Der *Gesellschaft von Freunden und Förderern der Universität München* ist schließlich dafür zu danken, daß die Untersuchungsarbeiten mit einer angemessenen Rechnerausstattung vorangebracht werden konnten.

In den Dank wären noch viele Personen einzuschließen. Stellvertretend für alle jene, die unsere Arbeit auf unterschiedlichste Art förderten, seien hier nur genannt: Professor Glen Dudgridge, Dr. David Helliwell, Robert Stolper (Großbritannien); Professor Liu Yulian, Professor Zhang Youjun, Professor Deng Yuandong, Professor Ma Jianzhao, Professor Feng Dachun, Professor Li Bengao, Professor Sun Qiuyun, Professor Huang Guiquan (China); Professor Hsieh Jiann (Taiwan); Professor Theraphan L. Thongkum, Khun Prasert Chaipigusit, Khun Mongkhol Chanbamrung, Khun Somkiat Chamlong, Jess G. Pourret (Thailand).

Die Herausgeber

Ethnographisches Stichwort: Yao

Die Angehörigen jener Bevölkerungsgruppen, die von Linguisten, Ethnologen und Demographen im allgemeinen unter der Bezeichnung Yao zusammengefaßt werden, leben heute mehrheitlich in den Südprovinzen Chinas (Yunnan, Guizhou, Guangxi, Guangdong und Hunan). Ihre Siedlungsgebiete enden freilich nicht an der Staatsgrenze, sondern reichen weit nach Vietnam, Laos, Thailand und Myanmar hinein. Die Gesamtzahl ist umstritten, dürfte aber wohl deutlich über zwei Millionen liegen; überdies haben sich Zehntausende von Yao insbesondere in den USA, Kanada und Frankreich niedergelassen: als Folge der Emigrationswellen, die die Kriege in Vietnam und Laos auslösten.

Das Ethnonym Yao taucht in den chinesischen Quellen nicht vor dem 11. Jahrhundert n.Chr. auf. Eine Gleichsetzung mit den weit früher erwähnten Man – und darauf aufbauend eine „Geschichte" von mehreren Jahrtausenden – ist indes ebenso hypothetisch (und unwahrscheinlich) wie das Postulat einer sich deutlich nach außen abgrenzenden Ethnie mit starker gemeinsamer Identität. Gegen eine solche Geschlossenheit spricht nicht nur eine nahezu unermeßliche Vielfalt von Eigen- und Fremdbenennungen, sondern auch eine enorme kulturelle Heterogenität und die Verwendung mehrerer Sprachen, die untereinander nicht verständlich sind. Deren gemeinsame Klassifikation innerhalb einer Miao-Yao-Gruppe der sinotibetischen Sprachfamilie hat sich zwar weitgehend etabliert, ist aber keineswegs unumstritten. Chinesische Linguisten unterscheiden in der Regel drei Sprachzweige innerhalb des Yao: Biaojiao, Zaomin und Mianjing. Letzterer läßt sich nochmals in Youmian und Jingmen untergliedern. Beide Termini werden auch als Gruppenbezeichnungen verwendet.

Unklar ist auch die Herkunft der Yao. Als gesichert kann wohl lediglich gelten, daß sie das Schicksal vieler chinesischer Minoritäten teilen, die in den letzten Jahrhunderten von den expandierenden Han in immer entlegenere (und oft auch unwirtlichere Regionen) abgedrängt wurden. Dort siedeln die Yao vielfach in Höhenlagen zwischen 800 und 2000 m und betreiben – neben Tierhaltung, Jagd und Fischfang – Brandrodungsfeldbau mit starken Eingriffen in die Primärvegetation. Hauptziel ist eine relativ kurzfristige Ertragsmaximierung, wobei vor allem in den nordthailändischen Bergen dem vergleichsweise gewinnträchtigen Opiumanbau eine zentrale Bedeutung zukommt: unter Vernachlässigung anderer Produkte wie Trockenreis, Mais, Chili oder Bohnen. Zunehmende Bodenerosion, wirtschaftliche Abhängigkeit und erzwungene Mobilität sind häufig die Folgen.

Insbesondere in den günstigeren Tallagen Südchinas und Vietnams pflegen die Yao aber auch seit längerem den für die Umwelt ungleich schonenderen Naßreisbau. Der Trend zu ständig bewirtschafteten Feldern – und damit zu einer seßhaften Lebensweise – dürfte sich in den nächsten Jahren vermutlich verstärken. Daneben gehört die Zukunft wohl in erster Linie einer weitsichtigen Forstwirtschaft und der Erschließung verschiedener Waldprodukte.

In Südchina und den daran angrenzenden Ländern leben Minoritäten wie die Yao in der Regel nicht in deutlich nach außen abgegrenzten Gebieten. Es ist also keinesfalls ungewöhnlich, daß man auf dem Weg von einem Yao-Dorf zum nächsten auch Ortschaften passiert, die von Angehörigen anderer Gruppen bewohnt werden. Zudem ist eine einheitliche ethnische Zugehörigkeit der Bewohner keinesfalls zwingend. Nur in Ausnahmefällen bestehen die Siedlungen, in denen Yao leben, aus mehreren hundert Häusern. In der Regel sind sie relativ klein und – mit großem Abstand voneinander – in Hanglage errichtet.

Sie verfügen weder baulich noch politisch über ein eigentliches Zentrum; der Zusammenhalt der darin lebenden Bevölkerung ist eher lose. Die Befugnisse des Dorfvorstehers sind entsprechend eingeschränkt, und substantielle Entscheidungen bleiben den einzelnen Haushalten, respektive deren Oberhäuptern, vorbehalten. Den wichtigsten Bezugsrahmen für den einzelnen bildet allerdings die Zugehörigkeit zum Clan, welche nach patrilinearer Abstammungsrechnung erfolgt und meist auf einen gemeinsamen mythischen Hundestammvater zurückgeführt wird. Fast alle übergreifenden Aktivitäten sind an diese Einheit gebunden, die jedoch – wie eine vergleichsweise hohe Adoptionsrate zeigt – keineswegs „undurchlässig" ist. Frauen ziehen zwar im allgemeinen nach der Heirat in den Heimatort des Ehemanns und sind von da an Mitglied im Haushalt des Schwiegervaters, die Zugehörigkeit zu ihrem angestammten Clan verlieren sie freilich dadurch nicht.

Wichtig ist stets die Etikette. Hochzeiten können, Bestattungen müssen mit großem Aufwand begangen werden. Aber nicht nur die ausgesprochen komplexen Riten, die den Umgang mit dem Verstorbenen regeln, vermitteln den Eindruck, das ganze Leben werde vor allem durch die Bezüge zum Tod bestimmt. Selbst die bereits in jüngeren Jahren durchgeführten Ordinationszeremonien markieren nicht zuletzt den Weg in die Welt der Ahnen.

Bei feierlichen Angelegenheiten, zu denen auch die Feste zählen, die den Jahreslauf gliedern, wird insbesondere von den Frauen reichbestickte Kleidung und erlesener Silberschmuck getragen. Ihre Hosen, Schärpen und Kopfbedeckungen sind zuweilen wahre Kunstwerke, zudem nicht nur Pro-

I.1: Yao-Dorf in Longsheng, Guangxi

I.2: Youmian in Nordthailand

dukte individueller Kreativität, sondern auch sichtbare Zeichen der jeweiligen Zugehörigkeit. Die Vielgestalt an Formen und Mustern ist dabei beträchtlich – und letztlich symptomatisch für die Vielfalt der Traditionsstränge, die unter der Bezeichnung Yao verknüpft werden. (Thomas O. Höllmann)

Religion

Die Yao gelten allgemein als Anhänger des chinesischen Daoismus. Wie und auf welchen Wegen sich diese Religion bei den Yao etablieren konnte, ist dabei noch weitgehend ungeklärt. Die bei ihren Ritualen verwendeten Texte lassen den Schluß zu, daß etwa ab der Ming-Zeit (1368-1644) verschiedene Strömungen bei den Yao Fuß faßten, einander gegenseitig beeinflußten und buddhistische, konfuzianische und einheimische Anschauungen inkorporierten. Dieser Prozeß verlief bei den verschiedenen über Südchina verstreuten Yao-Gruppen nicht einheitlich. Zwei Hauptstränge lassen sich im wesentlichen unterscheiden: die stärker „orthodoxen" Ansichten der Jingmen-Yao und der eher „undogmatische" Zweig der Youmian-Yao. Die beiden differieren in den verwendeten Texten, im Ritual und in der Liturgie. Zudem kennen die Jingmen zwei Arten von Priestern, *Shigong* und *Daogong*, während die Youmian deren Funktionen in einem Amt, dem des *Shigong*, vereinen.

Mit dem Daoismus übernahmen die Yao das streng hierarchisch nach dem Vorbild der Bürokratie geordnete chinesische Pantheon, in das sie ihre eigenen einheimischen Gottheiten eingliederten. An der Spitze stehen die „Drei Reinen" (*Sanqing*) – „Wirkkraft des Dao" (*Daode*), „Uranfang" (*Yuanshi*) und „Numinose Kostbarkeit" (*Lingbao*) –, der „Jadekaiser" (*Yuhuang*) und sein Alter Ego, der „Herr der Heiligen" (*Shengzhu*). Am Ende finden sich die unzähligen Wald- und Buschgeister, die das gesamte Land bevölkern. Diese Götteradministration verwaltet sowohl das Diesseits als auch das Jenseits; sie ist überdies mit dem Kosmos verbunden: mit Himmelskörpern und Sternbildern. Schließlich repräsentieren die höheren Gottheiten die Grundprinzipien des Daoismus; Namen wie *Daode* („Wirkkraft des Dao") bringen diesen Aspekt deutlich zum Ausdruck. Allen Aktivitäten und jedem Individuum wird ein bestimmter Platz im Universum zugewiesen. Die Position, die der Mensch nach seinem Tod in der himmlischen Hierarchie einnimmt, kann durch entsprechende Rituale, die er selbst oder seine Nachkommen durchführen, erhöht werden. Die Mehrheit der Bevölkerung beschäftigt vor allem dieser Aspekt der Religion, neben der Hilfe, die die verschiedenen Gottheiten im Alltag, insbesondere bei der Abwehr schädlicher Einflüsse, leisten können. Der religiöse Spezialist hingegen erhält den größten Teil seiner rituellen Macht aus der genauen Kenntnis der einzelnen Gottheiten und ihrer Position im Pantheon; eine seinem erreichten Rang entsprechende Liste erhält er bei seiner Ordination. Das Wissen um die Götternamen und die bis ins Detail exakte Ausführung der Zeremonien gewährleisten deren Wirksamkeit. Durch das Ritual werden Zeit und Raum geöffnet, kosmisches Geschehen in Szene gesetzt und die Sphäre der menschlichen Gesellschaft mit dem Universum in Einklang gebracht.

Anders als im chinesischen Daoismus wird bei den Yao von jedem männlichen Mitglied der Familie erwartet, daß es zumindest die untersten religiösen Weihen empfängt. Nur dies sichert sein Wohlergehen und das seiner Vorfahren im Jenseits. Frauen brauchen sich gewöhnlich der Ordination nicht zu unterziehen. Ihr gesellschaftlicher Rang und religiöser Status erhöht sich zusammen mit ihren Ehemännern. Die Ordination, wie z.B. bei den Youmian das *guadeng*, die Zeremonie des „Aufhängens der Lampen", wird meist im Alter zwischen 12 und 20 Jahren durchgeführt. Sie nimmt auch die Stelle einer Initiation ein, durch die der Übergang vom Kind zum Erwachsenen und Vollmitglied der Gesellschaft markiert wird. Auch Ablauf und Form weisen auf eine solche Funktion hin. Wichtige Elemente sind hierbei eine vorangehende Lehrzeit, in der man sich wenigstens rudimentäre Fähigkeiten in der chinesischen Schrift aneignet, Fasten und sexuelle Enthaltsamkeit vor und während der Zeremonie sowie bestimmte Riten, die den Übergang symbolisieren: so das Überschreiten der Sieben-Stern-Brücke, das Besteigen der Schwertleiter oder der Sturz von der Wolkenterrasse mit anschließender symbolischer Wiederbelebung. Der Ordinierte erhält anschließend einen neuen Namen, wobei das mittlere Element seines Namens durch ein Ritualzeichen, meist *Fa* ersetzt wird. Frauen erhalten den Namenszusatz *Shizhe*. Bei einer höheren Stufe der Ordination wird dem Namen das Zeichen *Lang* bzw. bei Frauen *Niang* hinzugefügt. Daneben nimmt der Geweihte Schriften, magische Sprüche und die Insignien eines daoistischen Priesters entgegen. Er und seine Frau haben von nun an Anspruch auf eine bestimmte, mit dem Grad der abgelegten Zeremonie zunehmende Anzahl von „Geistersoldaten", die die Familie beschützen sollen.

Nur wenige Ordinierte üben allerdings tatsächlich die Funktion eines daoistischen Priesters aus, da es hierzu noch eines langjährigen Studiums bei einem Meister bedarf. Außerdem erfordern sowohl die Ausbildung als auch die Anschaffung der notwendigen Paraphernalia beträchtliche finanzielle Mittel. Zu bedeutenderen Anlässen wendet sich daher auch der Ordinierte an einen religiösen Spezialisten, der gegen eine seinem Können und Ruf angemessene Bezahlung tätig wird: etwa bei kommunalen Opferritualen (*jiao*), die Gesundheit und Glück sichern sollen, und bei Totenzeremonien (*zhai*), die den Weg ins Jenseits erleichtern und die Lebenden vor schlimmen Einwirkungen schützen sollen.

Die Ordination ist teuer; aus diesem Grund werden die Zeremonien häufig für größere Gruppen von Knaben und jungen Männern gemeinsam durchgeführt. Die hohen Kosten verhindern in der Regel einen weiteren Aufstieg in der Priesterhierarchie, vor allem auch deshalb, weil ein Lebender keinen höheren Rang als seine Ahnen haben kann, so daß die entsprechenden Zeremonien für diese nachgeholt werden müssten.

Neben den daoistischen Würdenträgern kennen die Yao noch eine Reihe weiterer religiöser Spezialisten. Vor allem die Heiler spielen im täglichen Leben eine Rolle. Eine formale Ausbildung ist für diese Männer und Frauen nicht unbedingt erforderlich; erwählt von einem bestimmten Geist oder einer Gottheit können sie in Trance das Jenseits bereisen oder als Medium zwischen den Menschen und den übernatürlichen Mächten vermitteln. Sie befragen ihre Hilfsgeister oder die Ahnen über die Ursache einer Krankheit und holen eine entwichene oder von bösen Geistern entführte Seele zurück, deren Verlust das Leiden hervorgerufen hat. (Xaver Götzfried)

Bücher

Bücher gehören bei allen Yao-Gruppen nicht nur zu den wichtigsten rituellen Paraphernalia, sondern sie spielen auch im übrigen Leben eine große Rolle. Neben religiösen Texten, die den Großteil ausmachen, finden sich u.a. medizinische Schriften, Fibeln zum Unterricht der Kinder, Almanache, Genealogien, Aufzeichnungen von Brauchtum und Legenden und nicht zuletzt Notizen über geschäftliche Transaktionen. Keine großen Ansprüche werden an das Schreibmaterial gestellt; man verwendet, was erhältlich ist und bezahlt werden kann: feines chinesisches Papier ebenso wie einfache Schulhefte oder sogar Packpapier. Die Bücher bestehen aus gefalteten Blättern – Doppelseiten –, die auf chinesische Art an der rechten Seite mittels Fäden zusammengebunden, heute manchmal mit Metallklammern geheftet sind. Die Schrift ist chinesisch und verläuft von oben nach unten und von rechts nach links. In jüngeren Handschriften aus Südostasien, vor allem in beigefügten Notizen, wird aber auch bereits das laotische oder thailändische Alphabet verwendet – wie die nachlassenden kalligraphischen Fähigkeiten ein Indiz dafür, daß die jüngeren Generationen die chinesische Schrift nicht mehr richtig beherrschen. Geschrieben wird mit dem Pinsel oder, moderner, mit dem

II: Youmian *Shigong*-Priester bei einer Bestattungszeremonie

Kugelschreiber oder Filzstift. Gelegentlich werden professionelle chinesische Schreiber beauftragt. Zuweilen sind Illustrationen in schwarzen und roten bis rot-braunen Tönen enthalten; bei einigen Exemplaren der Münchner Sammlung entsteht dabei der Eindruck, ein Zwischenhändler habe sie vor dem Verkauf illuminieren lassen, um den Wert zu steigern.

Trotz ihrer Bedeutung sind Bücher für die Yao Gebrauchsmaterial und die Folgen sind deutlich zu sehen: Abnutzungsspuren, Brand- und Wasserflecken, Insektenfraß, fehlende Einbände und Seiten. Man findet in ihnen durchaus auch Notizen geschäftlicher Art oder Schreibübungen (Kat. 7, 28). Nicht selten werden mehrere Werke ohne Rücksicht auf Inhalt und Format zusammengebunden. Aufbewahrt werden die Bücher gewöhnlich aufgehängt oder gerollt bzw. geknickt in Bambusröhren oder in Körben auf dem oder nahe beim Hausaltar.

Von einem angehenden Priester der Yao wird erwartet, daß er das Chinesische soweit beherrscht, daß er die Unterweisungen seines Lehrmeisters notieren und dessen Schriften zum späteren eigenen Gebrauch kopieren kann. Ritualschriften gehören zum persönlichen Besitz des religiösen Offizianten, und jeder von ihnen verwendet gewöhnlich seine eigenen Bücher im Ritual; Texte eines gerade nicht praktizierenden Priesters können durchaus von einem anderen am Ritual beteiligten Meister benutzt werden. Bücher dürfen ge- und verkauft, verschenkt oder kopiert werden; seltener werden sie verliehen. Ein *Daogong* oder *Shigong* besitzt im allgemeinen zwischen 15 und 25 Schriften; bei wichtigen Ritualen kommt die Mehrzahl davon zum Einsatz. Umfangreichere Bibliotheken bilden eher die Ausnahme. Vereinzelte Glossen in Laotisch oder Thai neben bestimmten Zeichen weisen darauf hin, daß die Texte bei manchen Yao-Gruppen in einer Sprache rezitiert werden, die dem Kantonesischen nahe steht.

In Übereinstimmung mit der unterschiedlichen Liturgie der beiden Hauptgruppen Youmian und Jingmen weisen auch ihre Texte Abweichungen auf. Youmian-Bücher können normalerweise nicht in Jingmen-Zeremonien verwendet werden und umgekehrt.

Äußere Einflüsse wie kriegerische Auseinandersetzungen und wirtschaftliche Schwierigkeiten geben häufig den Anlaß für einen Verkauf der Bücher. So sind z.B. in den letzten beiden Jahren fast ausschließlich Texte der Jingmen auf dem Markt. Die in Nordlaos lebenden Angehörigen dieser Gruppe wurden zweimal hintereinander von einer schweren Dürre heimgesucht und waren gezwungen, einige Sachen zu verkaufen. Die Youmian in Thailand dagegen konnten relativ erfolgreich aus den Flüchtlingslagern, in denen sie nach 1975 zunächst Aufnahme gefunden hatten, angesiedelt werden und behalten nun ihre Bücher. Allerdings steigt in jüngster Zeit mit zunehmendem Interesse an den Yao-Handschriften auch ihr Preis, und es werden Kopien speziell für den Verkauf angefertigt. (Xaver Götzfried)

Die Handschriften

Die Yao-Sammlung der Bayerischen Staatsbibliothek umfaßt zur Zeit mehr als 1000 Handschriften, die in chinesischer Schrift geschrieben sind. Sie sind meist religiösen, vor allem daoistischen Inhalts und wurden bei religiösen Festen, Übergangsriten (Ordination, Hochzeit, Begräbnis) und kommunalen Opferritualen verwendet. Es befinden sich auch einige andere Objekte in der Sammlung: die Krone eines daoistischen Priesters, einige Papiermasken, zwei Holzssiegel und einige bestickte bzw. bemalte Stoffe. Die Handschriften stammen vor allem von den Youmian und Jingmen.

In der Sammlung befinden sich einige wenige kanonische Schriften (*jing*), die während des daoistischen Rituals der Yao rezitiert werden und teilweise als Bestandteile des Daoistischen Kanons *Daozang* identifiziert wurden. Es handelt sich dabei um die „Schrift von der Erlösung der Menschheit" (*Duren jing*), den ersten und wichtigsten Text im Daoistischen Kanon, die „Schrift von der Erlösung vom Leid" (*Jiuku dabu jing*), einen Text für chinesische daoistische *zhai*-Totenrituale, und die „Schrift vom Jadekaiser" (*Yuhuang jing*). Auch die „Schrift vom Jadedrehpunkt" (*Yushu jing*) und die „Schrift über die ehrwürdigen Klassiker" (*Zundian jing*; alle Kat. 52) gehören zum festen Bestandteil von Yao-Ritualen. Die meisten *jing* und viele andere Texte religiösen Inhalts stehen in Bezug zu den Schulen der „Rechten Einheit" (*Zhengyi*) und der „Numinosen Kostbarkeit" (*Lingbao*), die ab der Song-Zeit (960-1279 n.Chr.) in Südchina großen Einfluß gewannen. Vor allem in den „Formularen" der liturgischen Texte (*ke*), jeweils vom Auftraggeber eines Rituals auszufüllenden und ins Jenseits zu schickenden Ankündigungen, wird auf *Zhengyi* verwiesen. Zwei weitere Schulen, die des *Lüshan*- und *Meishan*-Daoismus werden genannt, meist in Kombination mit den gleichnamigen heiligen Bergen und der Schule des „Himmelsherzens" (*Tianxin*), auf die sich beide zurückführen.

Die Liturgien beziehen sich vor allem auf Rituale im Zusammenhang mit kommunalen Opfern (*jiao*), dem Tod (*zhai*) und der Ordination (*jiedu*). Zweck der *jiao*-Rituale für „die Lebenden" ist es an erster Stelle, Wohlstand und Glück sowie die Abwendung von Gefahren und Krankheiten durch Opfer an verschiedene Gottheiten zu erbitten. Ähnliche sakrale Handlungen sind aus dem chinesischen Kontext bekannt. Häufige Varianten sind Reinigungsrituale (*qingjiao*) und Rituale für bestimmte Tage bzw. Tageszeiten (*sanshi*). *Zhai*-Rituale sind für die Bestattung der Toten und die Erlösung der Seelen bestimmt und ebenfalls ethnographisch für ganz China belegt. *Suqi* werden vor Beginn von *jiao* und *zhai* durchgeführt, um den Gottheiten das Ritual und seinen Zweck anzukündigen. Neben „klassischen" Formen (Kat. 36, 38) gibt es in der Sammlung auch andere Texte, die mit dem Sepulchralkult in Verbindung stehen. Die Rezitation von *Anlong ke* dient der Besänftigung der Erddrachengottheiten bei Haus- und Grabbau. *Sangjia raoguan ke* („Ritual für die Hinterbliebenen am Sarg") und *Nanling ke* („Seelengeleitritual"), das detaillierte Opfervorschriften für die Hinterbliebenen enthält, sind bislang nur für die Jingmen belegt.

Eine weitere Sorte liturgischer Texte, die sich an die Göttin des Kindersegens *Dimu* wenden, jedoch nicht den klassischen chinesischen *jiao*- oder *zhai*-Ritualen zugeordnet werden kann, sind *Dahui ke* („Ritual anläßlich des großen Festes") oder *Honglou banzuo ke* („Ritual des roten Turms") betitelt.

Ordinationen (*jiedu*) werden bei den Yao in mehreren Stufen durchgeführt. Zunächst treten die jungen Männer dabei formell in das Erwachsenenleben ein und erwerben gleichzeitig einen religiösen Grad. Sie erhalten Listen, welche ihnen eine bestimmte Anzahl von „Geistersoldaten" untertan machen, mit deren Hilfe sie einfache Rituale durchführen können. In einer höheren Stufe können sie auch als daoistische Priester ordiniert werden. Die wichtigsten Ordinationstexte sind *Shoujie ke* („Empfang der daoistischen Gebote"), *Xin'en ke* („Liturgie für Neu-Gesegnete"; Kat. 41) und *Tianshi jiedu ke* („Gebote der Himmelsmeister-Ordination").

Während bestimmter Ritualabschnitte werden leere Formulare kopiert, vom Auftraggeber um Namen und Daten ergänzt und durch Verbrennen ins Jenseits geschickt. Diese Schriftstücke sind einzeln oder als Sammelbände, z.B. *Die shi* („Muster für Edikte"), *Zhuzhang geshi* („Muster für Petitionen"), *Chaodu shu* („Eingaben zur Erlösung der Seelen"; Kat. 31), *Daomen zhushi* („Formularsammlung für Daoisten") unter den Handschriften vorhanden und stellen eine eigene Textgruppe dar.

Miyu („Geheime Anweisungen") sind eine für Jingmen spezifische Textgattung und enthalten konkrete Handlungsanweisungen für die oftmals kryptischen Liturgien; sie sind zuweilen auch *Jinyu* („Goldene Worte") oder *Tianji* („Himmelsgeheimnisse") betitelt. Die Schriften werden von den Meistern ausschließlich bei Ordinationen weitergegeben. *Miyu* kommentieren in erster Linie jene Rituale, die mit Krankheit und Tod in Zusammenhang stehen (Kat. 25); manche beschreiben auch Jenseitsreisen (Kat. 33, 50) oder enthalten Anweisungen von Ordinationsmeistern an ihre Schüler (Kat. 43).

Xiaofa, kleinere Schriften religiösen Inhalts, sind nicht in die orthodox-daoistischen *jiao*- und *zhai*-Rituale eingebunden, sondern der eher volkstümlichen *Lüshan*-Tradition der Youmian zuzuordnen. Die meist kleinformatigen Handschriften tragen Titel wie *Fa shu* („Buch der magischen Methoden"), *Hundun shu* („Buch über das Chaos"), *Jiaotian shu* („Buch über die Anrufung des Himmels"), *Shegui shu* („Geisterbeschwörungsbuch"), *Zhuogui shu* („Buch über das Fangen von Geistern"), *Diyu shu* („Buch über die Hölle"), *Chi chuan fa yong* („Bootsritual zur Verbannung von Krankheitsgeistern"; Kat. 3) oder *Bawang kaijin zongjue* („Gesten zur Erlösung von Verstorbenen und Aufhebung von Verboten"; Kat. 45).

Unter den Handschriften nichtreligiösen Inhalts finden sich unter anderem Werke, die einerseits dem Unterricht in der chinesischen Sprache und Schrift, andererseits der moralischen Erziehung der Kinder im konfuzianischen Sinne dienten. Es handelt sich dabei um Auszüge aus chinesischen Klassikern, wie *Lunyu* oder *Mengzi*, die entweder in kleinen Sammelwerken (Kat. 8) oder separat vorliegen. Daneben sind Werke wie *Qianzi wen* („Text der tausend Schriftzeichen"), *Xianwen zengguang* („Gute Bücher erweitern den Kenntnisstand") oder *Tianxia wenzhang poliming* („Erkenntnis durch die Erarbeitung der Schriften der Welt"; Kat. 7) vertreten. Letzteres enthält Lebensweisheiten und Aufzeichnungen über traditionelle Feste. An Wörterbüchern (bzw. Wortlisten), die dem Erlernen der chinesischen Schrift dienten, beinhaltet die Sammlung unter anderem *Za zi* („Verschiedene Schriftzeichen"; Kat. 9), *Chuxue zhengwen* („Grundlegende Schriften für Schulanfänger"; Kat. 10), *Chuanjia za zi* („Verschiedene Schriftzeichen zur Überlieferung in der Familie"), *Gujin zi* („Alte und neue Schriftzeichen") und *Xiaozi ke* („Kleine Schriftzeichensammlung für Grundschüler").

Panwang ge („Gesänge zu Ehren des Königs Pan"; Kat. 12) ist einer der Haupttexte der Youmian und scheint eine größere Bedeutung für deren Identität zu haben als die daoistische Religion. Er berichtet in siebensilbigen Liedern von der mythischen wie der historisch belegten Geschichte der Yao und enthält auch Rätsellieder und Gesänge aus Volksopern. Sie werden meist bei großen Dankfesten (*huanyuan*) zu Ehren von König Pan aufgeführt. Andere – wie Brief-Lieder (*Xin'ge*), Liebeslieder (*Qiulian ge*) und Lieder über Kalender-Zykluszeichen (*Jiazi ge*), die der Erlernung der sechzig Kombinationen zur Jahreszählung nach chinesischem Vorbild dienen – sind nicht in einen solchen größeren Kontext eingebunden.

Zum Umfeld der prognostischen Literatur zählen Bücher über geomantische Kalkulationen, wie z.B. *Dili* („Geomantie"; Kat. 15) und *Dingdi shu* („Buch über geomantische Kalkulation"), sowie Texte zu Astrologie und Divination mit verschiedenen Methoden, etwa mit Hilfe von Münzen, Ratten, den Fünf Elementen oder den Sternen (Kat. 13), darunter *Zhan tianlong zhi tu* („Tabelle zur Divination mit Hilfe des Himmelsdrachens"), *Qiangua shu* („Münzorakel") oder *Zhan jinqian guake shu* („Lehrbuch zur Divination mit Hilfe von Münzen"; Kat. 18). Besonders häufig vertreten sind Bücher zum Erstellen von Ehehoroskopen, wie z.B. *H epen* („Zusammenführen von Schüsseln"; Kat. 22, 23) oder *Hehun tongshu* („Almanach für Ehehoroskope"; Kat. 14).

Pinghuang quandie („Urkunde des Königs Ping"; Kat. 17, 55) ist offensichtlich der einzige Yao-Text, der in Form einer Schriftrolle erstellt wird. Neben der Aufzeichnung über den mythischen Hundeahnen *Pan Hu* enthält sie die Abschrift eines „historischen" Dokuments *Guoshan bang* („Proklamation über die Niederlassungsfreiheit"), das den Yao angeblich im ersten Jahr der Regierungsperiode *Jingding* (1260) von Song-Kaiser Lizong verliehen wurde und auch die Befreiung von Steuern garantierte. *Pinghuang quandie* gilt neben den *Panwang*-Schriften als einer der wichtigsten Youmian-Texte.

Separat gebundene Genealogien sind nur in zwei Exemplaren vorhanden: *Panjia jiaxian dan* („Tabelle der Ahnen der Familie Pan") und *Pan Fa Gai jiaxian* („Ahnen von Pan Fa Gai"). Öfter sind solche Aufzeichnungen oder Auflistungen von Begräbnisstätten der Ahnen anderen Texten als Beigaben hinzugefügt, wie etwa *Lijia zongzhi tu* („Ahnen der Familie Li"; Kat. 32); sie geben Aufschluß über die Geschichte und Migration der betreffenden Familien.

Nur ein einziger Text befaßt sich ausschließlich mit medizinischen Fragen. Er ist unbetitelt, illustriert und beschreibt Symptome und Behandlung verschiedener Pockenarten; vermutlich stammt er aber aus dem Besitz eines chinesischen Arztes (Kat. 16). Bei verschiedenen kleineren, häufig fragmentarischen Texten wie *Kanbing shu* („Buch ärztlicher Diagnosestellung"; Kat. 26) steht hingegen die Divination im Vordergrund, mit deren Hilfe man die Ursachen und die entsprechende Behandlung von Krankheiten ermitteln wollte.

Häufig enthalten die Handschriften Beilagen, die Angaben über den Verleih von Geld, Silber, Opium und Gebrauchsgegenständen machen (Kat. 28); sie geben oft Datierungshinweise oder dokumentieren durchgeführte Rituale (Kat. 33). Originalillustrationen, Talismane, Altar- (Kat. 51) oder Himmelsdarstellungen (Kat. 50), Himmelsschiffe (Kat. 6), Diagramme für rituelle Schrittfolgen (Kat. 49) und Darstellungen der Folgen schlechter Geburtshoroskope (Kat. 20, 21) sind selten. Viele Abbildungen sind nachträglich und möglicherweise von gleicher Hand erstellt: dieselben Motive erscheinen immer wieder in Büchern unterschiedlicher Herkunft (Kat. 3, 5).

Bei den verschiedenen Yao-Gruppen wurden abweichende Überlieferungen weitergegeben und unterschiedliche Rituale durchgeführt. Der größte Teil der Handschriften in der Bayerischen Staatsbibliothek kann den Jingmen-sprachigen Gruppen zugeordnet werden. Besonders auffällig sind hierbei die unterschiedlichen Texttraditionen für *Shigong*- und *Daogong*-Priester. Sie weichen – analog zu den Aufgaben, die die religiösen Spezialisten innerhalb der Dorfgemeinschaft wahrnehmen – deutlich voneinander ab. *Daogong* sind höherrangige Priester und haben eine andere Folge von Ordinationen durchlaufen. Die von ihnen verwendeten Schriften orientieren sich formal und inhaltlich stärker am Daoistischen Kanon und stehen der konservativen chinesischen *Lingbao/Zhengyi*-Tradition näher. Ihre kanonischen und liturgischen Texte *jing* bzw. *ke* werden nur im Zusammenhang mit einer *Daogong*-Ordination tradiert. Allen anderen Personen ist der Zugang zu den sakralen Schriften versperrt und die Möglichkeit zur Ausführung von *jiao*- und *zhai*-Ritualen verwehrt. So ist der Besitz sakraler Schriften Ausdruck des Prestiges und der hohen sozialen Stellung der *Daogong*. Ihnen obliegen daher die „wichtigeren" kommunalen Rituale, die Bestattungen und der Umgang mit den Ahnen.

Shigong, die Priester niedrigeren Ranges, sind hingegen vornehmlich zuständig für exorzistische Handlungen, das Herbeirufen des Regens, für alle überirdischen Wesen außer den Ahnen, insbesondere für die Schutzgottheiten der Haushalte und für Krankenheilung. Sie stehen der *Meishan*-Tradition näher als den „orthodoxen" Schulen. Die *Shigong*-Texte bestehen meist aus siebensilbigen Versen; ihre Rezitation erfolgt vor allem bei *huanyuan*-Festen, bei Ordinationen und bei Festen für die Göttin *Dimu*.

Die Handschriften der Youmian, die sich in der Münchner Sammlung befinden, sind fast ausschließlich der *Shigong*-Priestertradition zuzuordnen, eine eigene *Daogong*-Texttradition gibt es für diese Gruppe nicht. In ihren Liturgien wechseln sich gereimte Passagen, Beschwörungen, Formulare und Prosateile miteinander ab. Außerdem sind verschiedene Texte miteinander kombiniert, die von den *Shigong* für die entsprechenden Anlässe ausgewählt werden müssen. Inhaltlich stehen Krankenheilung, Exorzismus, astrologische Kalkulationen und Ordinationen im Vordergrund. Es ist bekannt, daß viele der Youmian-Texte auswendig gelernt und nur bei einer Ordination mündlich tradiert werden. Sie stehen eher der *Lüshan*- als der *Meishan*- oder orthodoxen daoistischen Traditionen nahe. (Lucia Obi und Shing Müller)

Beschreibstoffe

Das weißeste Papier, das aus Guangzhou stamme, habe er benützt, so notiert der Schreiber eines Begräbnistextes aus Yunnan im Nachwort, um sich dann auch gleich für seine ungelenke Schrift zu entschuldigen. Ähnliche Angaben zur Herkunft des Papiers finden sich immer wieder in den Handschriften, und sicherlich zählten die Beschreibstoffe zu den wichtigsten Gütern, die die Yao insbesondere von Chinesen und Thais erwarben. Daneben wurde Papier aber auch selbst hergestellt.

In der Sammlung der Bayerischen Staatsbibliothek sind vor allem zwei Sorten vertreten. Bei älteren Handschriften aus China und fast durchgängig bei *Daogong*-Handschriften der Jingmen wurden weiße, elastische Papiere aus den Bastfasern des Papiermaulbeerstrauchs (*Broussonetia papyrifera* L.) verwendet. Bei den jüngeren Exemplaren und bei den meisten Youmian-Handschriften finden sich hingegen in erster Linie schneller nachdunkelnde, brüchigere Papiere aus dem Zellstoff von Gramineen. Hierfür werden als Rohmaterial bevorzugt einjährige Bambusschößlinge verwendet. Aufwand und Dauer der Herstellung variieren erheblich, und die Fertigung kann sich über mehrere Monate erstrecken; die wichtigsten Verfahrensschritte sind aber ähnlich. Nach dem Entfernen der grünen Epidermis wird der Bast zunächst gewässert und dann in einer konzentrierten Kalklösung eingeweicht. Es folgen mehrere Reinigungs- und Kochvorgänge, zuweilen unter Zugabe von Pottasche. Schließlich werden die nunmehr weißen Fasern zu Brei zerstampft oder zermahlen und in einem Trog mit Wasser und dem Saft regional variierender Pflanzen verrührt, wodurch die gleichmäßige Verteilung der einzelnen Bestandteile und die „Leimung“ des Papiers gewährleistet und dessen „Schreibfestigkeit“ erhöht wird. Die einzelnen Bögen werden mit Hilfe stoffbespannter Rahmen geschöpft und auf diesem Sieb an der Sonne getrocknet. Entsprechende Gewebeabdrücke sind bei diesem Verfahren die Folge.

Das Papier kann jedoch auch mit Hilfe von Sieben aus Bambusstreifen hergestellt werden, die dann eine feine querverlaufende Parallelstreifung hinterlassen. Diese Vorgehensweise hat den Vorteil, daß sich das nasse Blatt sofort ablösen läßt, und daß beliebig viele Blätter geschöpft, aufeinander gestapelt und zwischen zwei Brettern gepreßt werden können, bis der größte Teil des Wassers entfernt ist. Die einzelnen Bögen werden dann auf eigens dafür gemauerte Öfen mit langen, hohen, geglätteten Ziegelwänden aufgestrichen und getrocknet.

Im Gegensatz hierzu benötigen die Papiere aus der Bastfaser des Maulbeerstrauchs, denen oft ein Anteil Reisstroh beigemengt wird, keinen Zusatz leimender Substanzen. Der klebrige Saft aus den Milchsaftröhren der Rinde bewirkt einen Zusammenhalt der Fasern, eine größere Schreibfestigkeit und einen leichten Glanz. Die meisten dieser Rindenpapiere in der Münchner Sammlung wurden mit Bambussieben geschöpft, was auf eine „Massenproduktion" und möglicherweise chinesische Herkunft schließen läßt.

Aber auch alle anderen Papiere, derer man habhaft wurde, fanden Verwendung: darunter kleinformatige Notizbücher aus dem Westen oder das Packpapier eines amerikanischen Care-Pakets aus dem Indochinakrieg (Kat. 2). Meist sind die Schriften mit Papierdeckeln versehen, die auf der Außenseite imprägniert und betitelt sind. Nicht selten benutzte man für die Einbände aber auch bereits beschriebene Papiere, ungeachtet der darauf vermerkten Texte, Titel oder Namen. Besonders erwähnenswert sind Deckel mit Tai Lue-Schrift oder einstige Post-Formulare der französischen Kolonialverwaltung. Zuweilen sind die Werke auch in Tierhaut oder Sackleinen eingeschlagen (III.1).

Während traditionelle chinesische Fadenbindungen der späten Kaiserzeit meist mit vier bis sechs Stichen gefertigt wurden, weisen die Schriften aus den südlichen Nachbarstaaten in der Regel eine größere Anzahl kleinerer Stiche auf und sind zudem oft mit einer Schlaufe versehen, mit deren Hilfe ein Aufhängen über dem Familienaltar möglich ist. Zuweilen sind die Schriften aber auch mit gedrehten Papierkordeln gebunden oder nur geheftet. Während die Formate bei den jüngeren Handschriften aus Südostasien erheblich variieren, sich vor allem bei den *xiaofa* der Youmian manchmal extrem kleine oder schmale Heftchen finden, sind vor allem die älteren Schriften der Jingmen von einheitlicher Größe und annähernd quadratischen Abmessungen. Die Papierbögen wurden stets einseitig beschriftet und dann in der Mitte gefaltet, so daß die üblichen chinesischen „Doppelseiten" entstanden. Oft sind die Seiten an der gefalteten Stelle aufgerissen und das Innere nachträglich beschriftet oder illustriert.

Einzelne Buchabschnitte werden meist durch Überschriften und die Formel *you dao* („und nun zu ...") eingeleitet. Besonders wichtige Absätze oder Textpassagen sind überdies durch rote Haken, Schlaufen, Flammen oder Ringe hervorgehoben. Das Einkreisen bestimmter Schriftzeichen, die zudem mit spiralförmigen Linien versehen sind, hat wohl das Ziel, einer bestimmten Formulierung den Charakter eines Talismans zu verleihen. Beschwörungen werden hingegen durch die Schriftzeichen *chu* („äußern") oder *shuo* („sprechen") am Satzbeginn gekennzeichnet.

Häufig finden sich, meist aus der Hand eines späteren Besitzers, Glossen in Chinesisch, Laotisch, Thai oder anderen Tai-Sprachen, die meist Erklärungen oder Aussprachen von Schriftzeichen darstellen, aber auch Handlungsanweisungen zu den Liturgien liefern. (Lucia Obi und Shing Müller)

Siegelabdrucke

Siegel gehören zu den wichtigsten Ritualgegenständen eines Yao-Priesters. Neben solchen, die zur Abhaltung bestimmter Rituale befugen, gibt es in der Münchner Sammlung auch Abdrucke von Priestersiegeln mit einer offiziellen Rangbezeichnung sowie von gebräuchlichen Namenssiegeln. Bis auf diejenigen der „Drei Kostbarkeiten" sind die anderen Ritual- und die Priestersiegel allesamt ähnlich gestaltet: Die annähernd quadratischen Abdruckflächen sind in drei Spalten gegliedert. Links und rechts des zentralen Felds, das die zumeist in Normalschrift (*kaishu*) geschriebene Legende beinhaltet, sind die Schriftzeichen für „Mond" (*yue*) und „Sonne" (*ri*), sowie *beidou*-Sternbilder, die Sonne und Mond umgeben, und Talisman-ähnliche Symbole wiedergegeben.

Für Jingmen sind sowohl Ritual- als auch Priestersiegel belegt. Für Youmian-Priester wurde hingegen bislang nur das Ritualsiegel des „Allerhöchsten Fürsten Lao" (*Taishang laojun*) identifiziert.

Die am häufigsten anzutreffenden Abdrucke stammen von „Siegeln der Drei Kostbarkeiten" (*Sanbao yin*; bezogen auf das *Dao*, die kanonischen Schriften *jing* und den Ahnmeister *shi*). Sie finden sich fast ausschließlich in „Geheimen Anweisungen" für Totenrituale der Jingmen-*Daogong*.

Die Abdrucke des „Siegels der Drei Uranfänglichen zum Herbeirufen und zum Verhören" (*Sanyuan kaozhao yin*; IV.2) finden sich insbesondere in jenen „Geheimen Anweisungen" der Jingmen-*Shigong*, die Methoden zu einer Himmelsreise der Seelen in bestimmten Totenritualen beschreiben. Die „Geheime Anweisung zur Ordination" (vgl. Kat. 43), die ebenfalls die Reise der Seele behandelt, ist als einziger Jingmen-Text sowohl mit *Sanbao*- als auch mit *Sanyuan kaozhao*-Siegeln versehen, da dieser Text Anweisungen für *Daogong*- und *Shigong*-Ordinanden enthält.

Die Siegel des „Allerhöchsten Fürsten Lao" werden von allen Youmian-Gruppen verwendet. Über ihre Wirkkraft geben die Schriften Aufschluß; so verheißen einige Texte: „Jagt man Dämonen mit diesem Siegel, so sterben sie alle." Dieses Siegel der *Lüshan*-Schule, auf das sich die Youmian auch berufen, wird für unterschiedliche Zwecke verwendet: So entfalten etwa Talismane erst mit seiner Hilfe ihre Wirksamkeit. Bei chinesischen Ritualen der *Lüshan*-Schule wird es häufig stellvertretend für den „Allerhöchsten Fürsten Lao" auf den Altartisch gestellt. Abdrucke finden sich vor allem in Hand-

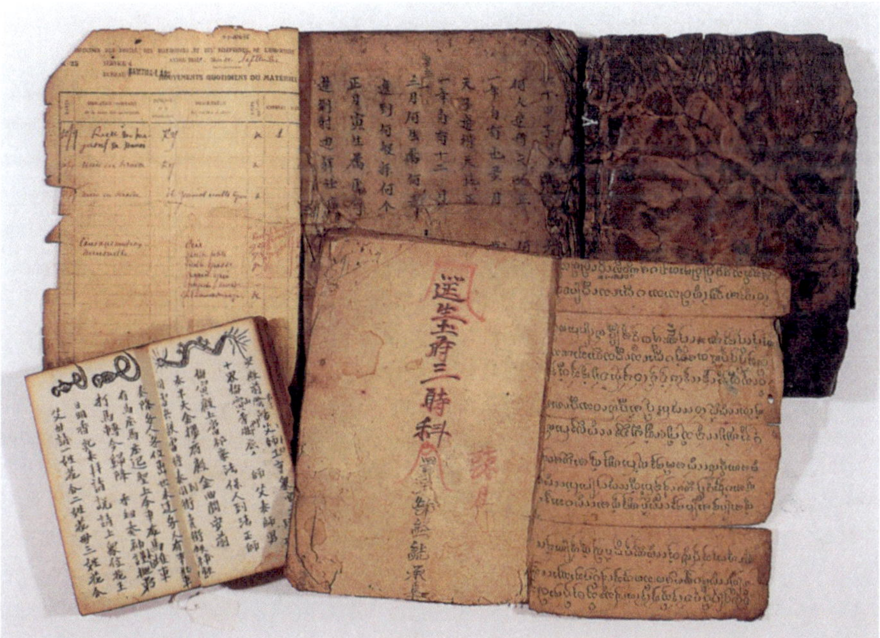

Ill.1: Beschreibstoffe

Ill.2: Runder Siegelabdruck, „Urkunde des Königs Ping“ (vgl. Kat. 55)

schriften, die sich mit der „Erlösung der Seelen" (*Chaodu shu*) befassen (IV.4; vgl. Kat. 27).

Blattförmige und runde Siegel sind eher selten. Abdrucke von großen Rundsiegeln mit einem Durchmesser von 7 cm, die sich ausschließlich im Besitz hoher Youmian-Priester befinden, kommen nur auf den aufwendig illustrierten „Urkunden des Königs Ping" vor (III.2). Für die Legenden werden an die Siegelschrift (*zhuanshu*) angelehnte, kaum entzifferbare Zeichen verwendet. Ein kleines Rundsiegel mit den Schriftzeichen „Mond, Himmel, Erde, Sonne" in einer Youmian-Formularsammlung für Totenrituale (IV.3) scheint später hinzugefügt worden zu sein und hat offensichtlich keine rituelle Bedeutung. Blattförmige Siegel (IV.6) mit der Legende „glückverheißende Sterne" (*jixing*) sind offenbar nicht an bestimmte daoistische Schulen gebunden und kennzeichnen im allgemeinen den Beginn eines Ritualabschnitts in einem liturgischen Text.

Ein seltenes Jingmen-Exemplar gibt die Stellung seines Besitzers an: „[Meister der] Großen Grotte der Höchsten Reinheit" (*Shangqing dadong*; IV.1). Diesen Titel tragen Priester des höchsten Ranges in der Tradition der *Zhengyi*-Schule. Vergleichbare Abdrucke wurden bislang in liturgischen Schriften der Youmian-Yao nicht gefunden. Andere ebenfalls seltene Siegel beziehen sich auf Personennamen und benennen den Schreiber, den Besitzer, zuweilen aber auch den Sammler oder den Antiquar (*Chongde tang ji* „Siegel der Halle der hohen Tugend"; IV.5), in dessen Beständen die Schrift landete.

Die Verleihung von Ritual- und Priestersiegeln ist – wie einige Petitionsformulare der Münchner Sammlung zeigen – an die Ordination gebunden und kennzeichnet somit auch die Zugehörigkeit eines Priesters zu einer Schule. In der umfangreichen Literatur über den Daoismus und in den Feldforschungsberichten über die Yao werden noch weitere Siegel erwähnt, deren Abdrucke sich indes nicht in den Münchner Schriften finden. Auch dieser Umstand weist darauf hin, daß die Sammlung der Bayerischen Staatsbibliothek nur für bestimmte Regionen und Schulen repräsentativ ist. Eine vollständige Dokumentation ist freilich selbst für diese Segmente nicht verbürgt; vermutlich verfügen zumindest hochrangige Yao-Priester über weitaus größere Siegelkollektionen, um die korrekte Durchführung der vielfältigen Rituale zu gewährleisten. (Shing Müller)

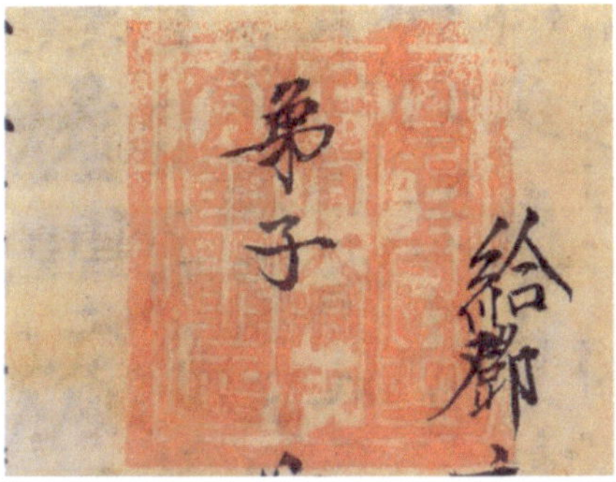

IV.1: *Shangqing dadong* Siegel

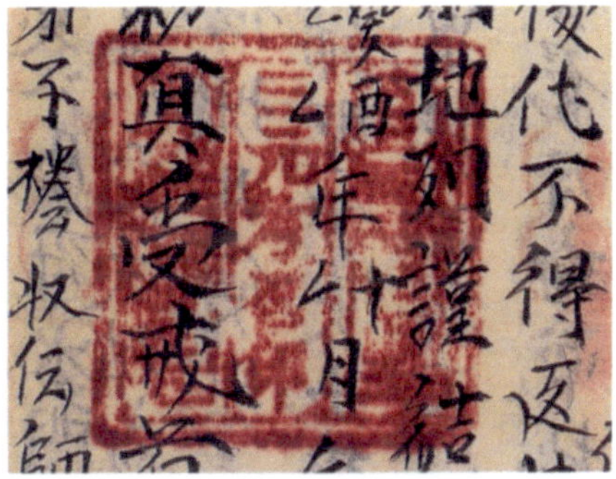

IV.2: *Sanyuan kaozhao* Siegel

IV.3: Kleines Rundsiegel

IV.4: *Taishang laojun* Siegel

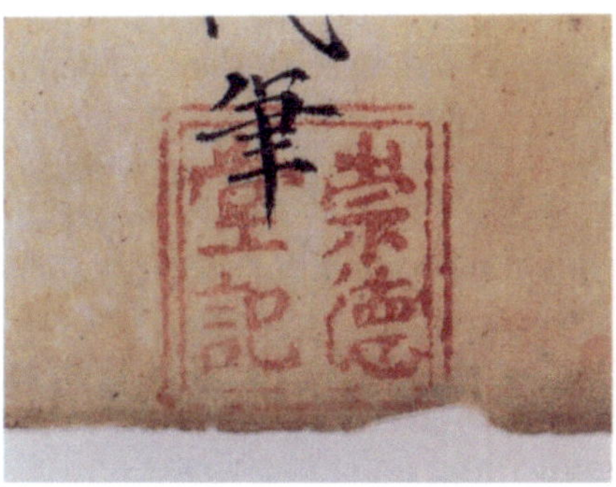

IV.5: *Chongde tang* Siegel

IV.6: Blattförmiges Siegel

Konservierungsbericht: Yao-Masken

Die Objekte sind aus einer unterschiedlichen Anzahl übereinandergelegter sehr dünner Papiere aufgebaut. Diese Schichten sind an mehreren Stellen durch Heftstiche miteinander verbunden und punktuell verklebt. Die oberen sind bemalt; auf den darunterliegenden wurden während der Restaurierung Zeichnungen, diverse Schriftzeichen und eine weitere Maske gefunden. An einem der Objekte wurde eine Papieranalyse durchgeführt. Es handelt sich um Fasern aus dem Bast des Papiermaulbeerstrauchs (*Broussonetia papyrifera* L.). Um die Masken zum rituellen Gebrauch um Stirn und Kopf binden zu können, sind an den Seiten gewebte Bänder oder Kordeln angebracht.

Alle Objekte zeigten mehr oder weniger starke Gebrauchsspuren: Die Bemalung ist an zahlreichen Stellen abgegriffen, die Bänder sind teilweise abgerissen. Das Papier ist verschmutzt und teilweise fleckig. Die einzelnen Schichten sind gestaucht, geknickt und besonders an den Rändern eingerissen. Dort und auch im Bereich der Darstellungen sind zahlreiche Fehlstellen entstanden. Abgesehen von den starken Beschädigungen ist das Papier von sehr guter Qualität und trotz der geringen Blattstärke relativ stabil und flexibel. Die bei allen Masken durchgeführten pH-Messungen entsprechen diesem Befund; die ermittelten Werte liegen zwischen 5.8 und 7.0.

Zielsetzung der Restaurierung war es, den weichen, etwas fragilen Charakter, der durch den Aufbau der Masken entsteht, zu erhalten. Die Gebrauchsspuren sollten sichtbar bleiben. Daraus ergibt sich eine Beschränkung auf rein sichernde Maßnahmen. Ergänzungen werden nur in soweit vorgenommen, daß bei der Handhabung der Objekte keine weiteren Schäden entstehen können.

Die erste konservatorische Maßnahme war daher ein vorsichtiges Trokkenreinigen der Objekte mit weichen Pinseln. Die gestauchten und eingerissenen Blattpartien wurden anschließend Schicht für Schicht entfaltet und unter leichter Beschwerung (Sandsäckchen) geglättet. In einigen Fällen wurde vorher leicht und partiell indirekt gefeuchtet. Im nächsten Arbeitsgang wurden vereinzelt partiell Japanseidenpapierstücke (9 g/m^2) zur Stabilisierung zwischen die dünnen Papierschichten der Masken eingefügt. Risse und verlustgefährdete Stellen wurden teilweise mit selbst hergestelltem Japanpapier (ca. 2 g/m^2) geschlossen bzw. gesichert. Alle Verklebungen erfolgten nur punktuell mit Methylcellulose. (Heidi Fischer und Luise Karl, Dozenten an der Staatlichen Fachakademie zur Ausbildung von Restauratoren am Institut für Buch- und Handschriftenrestaurierung, Bayerische Staatsbibliothek, zusammen mit den Studierenden Susanne Brüggemann, Gabrielle Degenfeld, Sabina Höck, Katrin Huber, Martin Ramsauer und Henrik Rörig)

Die Urkunden

Schriften jener Gattung, die im Chinesischen meist *Pinghuang quandie* („Urkunde des Königs Ping") oder *Guoshan bang* („Proklamation über die Niederlassungsfreiheit") heißt, finden zuweilen auf einem einzigen Blatt Papier Platz, können aber auch bis zu neun Meter lange, oft aufwendig illustrierte Querrollen füllen (Kat. 55). Mehr als 150 dieser „Dokumente" wurden bislang publiziert, die meisten sind ins 19. oder 20. Jh. zu datieren. Etwa zwei Drittel davon scheinen auf einem Grundtext zu basieren, der auch unabhängig überliefert ist, häufig aber umgeschrieben wurde. Der einleitende Satz nennt in der Regel Datum und Absicht:

„Im Jahre 1 der Devise *Jingding*, am 21. Tag des 10. Monats, wird, dem Brauch früherer Herrscher folgend, zur Besänftigung der Zwölf Clans der Yao die Urkunde des Königs Ping erneut ausgestellt."

Es folgt der Mythos des *Pan Hu*. Er war wohl schon um 200 n.Chr. im Han-Reich bekannt und ist in unterschiedlichen Fassungen überliefert. Die meistzitierte steht in der Reichsgeschichte der Späteren Han (25-220 n.Chr.). Danach wurde einst demjenigen, der den Kopf eines feindlichen Generals brächte, welcher für zahllose Überfälle verantwortlich war, ein Lehen und die Hand einer Prinzessin versprochen. Daraufhin tötete *Pan Hu*, der Drachenhund, den Widersacher, heiratete die Herrschertochter und zeugte mit ihr sechs Knaben und sechs Mädchen, denen dann wegen der Verdienste ihres Vaters Land zugewiesen wurde. In den Yao-Handschriften wird als Schwiegervater des *Pan Hu* stets König Ping angegeben. Die Urkunden fassen den Hundemythos manchmal in wenigen Sätzen zusammen, der Grundtext jedoch erweitert den Bericht durch zahlreiche Details zu einer lebendigen Erzählung. Darin werden unter anderem folgende Rechte verbürgt:

– „Dem Drachenhund *Pan Hu* wird der Titel ‚Erster Ahn König Pan' verliehen. Als er noch lebte, war seine Seele von menschlicher Art, nachdem er nun gestorben ist, besitzt er die Kraft einer Gottheit. Den Nachfahren sei gestattet, seiner Schattenseele Opfer darzubringen und ein Bildnis des Gottes mit menschlichen Zügen zu malen, auf daß er die Opfergaben seiner Nachfahren empfange."

– Feste und Riten dürfen auch fürderhin abgehalten werden.

– Den Zwölf Clans der Yao werden namentlich genannte Berge zur Brandrodung überlassen; sie sind von Abgaben sowie von Miliz- und Frondiensten befreit.

– Bei starker Zunahme der Bevölkerung oder Erschöpfung des Bodens ist es ihnen gestattet, sich an einem anderen, ihnen zusagenden Ort niederzulassen; bei ihrer Wanderung brauchen sie weder Maut zu zahlen noch vor Beamten niederzuknien. Wo sie sich ansiedeln, steht ihnen alles Bergland zur Verfügung, mit Ausnahme dessen, was bereits von der ansässigen Bevölkerung beackert wird. Sollte man ihnen den Feldbau verbieten wollen, sind die lokalen Beamten gehalten, ihnen Recht zu verschaffen.

– Ihre Töchter dürfen nicht von Ansässigen zur Frau genommen werden. Falls dies unter Anwendung von Gewalt doch geschieht, ist ein festgesetzter Preis zu entrichten und der Schuldige den Behörden zu übergeben.

– Auf ihren Wanderungen dürfen die Yao in Dörfern rasten und nicht an ihren Zügen gehindert werden. Sollte jemand eine Entschädigung dafür verlangen, dürfen sie ihn in Ketten legen und dem Dorfältesten zur Überstellung an die Behörden übergeben. Wer die Yao betrügt, einschüchtert oder schlägt, wird unnachsichtig bestraft.

– „Den Nachfahren der Zwölf Clans der königlichen Yao ist gestattet, in den Bergen Brandrodung zu betreiben und sich auf diese Weise zu ernähren: Sie sind Menschen, und es darf ihnen kein Unrecht geschehen. Ein jeder halte sich an die Gesetze des Königs! Wer dagegen verstößt, wird unnachsichtig bestraft."

Dieser Grundbestand an Privilegien kann im Wortlaut variieren und wird in manchen Fassungen erheblich erweitert. Der Tenor allerdings ist stets der gleiche: Den Yao werden Sonderrechte zugestanden, deren Verletzung schwere Strafe nach sich zieht. Es schließen sich an Belehnungen je einer namentlich genannten Person aus den Zwölf Clans sowie mehrere Ernennungen weiterer Personen aus anderen Familien. Am Ende stehen eine oder mehrere Formeln.

Der Grundtext datiert sich selbst auf *Jingding* 1 (1260), und behauptet, er stamme von einem Herrscher. Um den Kaiser der Song (960-1279) kann es sich nicht handeln, da die in ähnlichen Fällen stets erwähnte ausstellende Behörde nicht genannt ist. Die frühesten glaubhaften Belege für die Existenz eines derartigen Schriftstückes fallen in die letzten Jahre der Ming um 1644. Über den Autor läßt sich nur spekulieren: Er schrieb vermutlich in einer Randzone des Reichs, in der die kaiserliche Macht nur an strategisch wichtigen Positionen präsent war. Ob der Text im Umkreis eines von der Zentrale eingesetzten Fürsten oder eines „einheimischen" Häuptlings entstand, ob ihn ein Chinese verfaßte oder ein Yao, ist nicht zu klären. Da fast alle Handschriften aus Familien der Youmian-Yao stammen, liegt es immerhin nahe, den Autor im Umkreis von deren Ahnen zu vermuten.

Zum Grundtext hinzu kommen Berichte von fiktiven Vorvätern aus früheren Jahrhunderten oder von Wanderungen der Yao, manchmal auch einzelner Familien. In einigen Fällen sind Genealogien angehängt, mit deren Hilfe sich Stammbäume von neun und mehr Generationen rekonstruieren lassen. Ferner finden sich Kaiser- und Datumslisten. Oft wird dem Mythos von *Pan Hu* oder der gesamten Urkunde des Königs Ping ein universalgeschichtlicher Abriß vorangestellt. Hier erscheint dann der Weltenschöpfer *Pan Gu*, den schon die ältere chinesische Tradition mit dem ähnlich klingenden *Pan Hu* kontaminierte.

In einer Texttradition, der auch die beiden Querrollen der Bayerischen Staatsbibliothek (Kat. 17 und 55) angehören, nimmt der universalgeschichtliche Teil so großen Raum ein, daß die Urkunde eher wie ein Anhang wirkt. In dieser Überlieferung gibt es explizite Hinweise auf den Daoismus, wie er bei manchen Yao praktiziert wird. In einer anderen Variante ist der Mythos von *Pan Hu* radikal gekürzt oder fehlt, stattdessen werden ausführlich die Werke des *Pan Gu* bei Erschaffung der Welt geschildert. Unter der Jahresangabe *Jingding* 1, 8. Tag des 4. Monats – dem Geburtstag des historischen Buddha also! – wird von einer Sintflut berichtet, die alle Menschen vernichtete. Später waren da *Fuxi* und seine Schwester, die einander heirateten und einen Ledersack zeugten, aus dem die Yao entstanden. Auch in diesen Texten werden Privilegien aufgelistet, gefolgt von einer Genealogie mit mehr als zwanzig namenlosen Ahnen, die nur mit ihrem Amt genannt sind. Ferner wird ein Lied zitiert, das eine Frau den Yao geschenkt habe, ein Langgedicht mit mindestens 30 Doppelversen.

Daneben sind weitere Texte bekannt, die sich nur schwer einordnen lassen, untereinander jedoch wiederum Abhängigkeiten aufweisen. Die Erforschung der Yao-Urkunden steht noch am Anfang. Eines allerdings ist sicher: Die unterschiedlichen Fassungen belegen nicht nur das Selbstverständnis verschiedener Gruppen und Familien der Yao, sondern auch ihr wechselvolles Schicksal an der Peripherie des Reiches. Dies veranschaulicht eine Urkunde, zu der 1951 folgende Nachschrift verfaßt wurde:

„Nachdem wir nun die Befreiung erlangt haben, und der Vorsitzende Mao es ist, der ruhmvoll das Volk des ganzen Landes führt, möchten wir Yao beim Vorsitzenden Mao unseres Vaterlandes einen Antrag mit sechs Punkten stellen: 1) Wir, die Yao, haben diskutiert und beantragen beim Vorsitzenden Mao, er möge gemäß dem Brauche die Urkunde (des Königs Ping) ausstellen und genehmigen, daß die Nachfahren des Königs Pan wie zuvor ihr Land bestellen. 2) Wir, die Yao, beantragen beim Vorsitzenden Mao die Genehmigung, die Organe des Yao-Volkes getrennt von denen des Han-Volkes einzurichten, denn wir, die Yao, sind von der Herrschaft der *Guomindang* aufs äußerste unterdrückt worden, so daß wir, die Yao, es einmütig ablehnen, mit den Organen des Han-Volkes zusammenzuarbeiten. ...“ (Michael Friedrich)

Katalog

1 *Duwang miyu* 度亡秘語 (Geheime Anweisungen zum Geleit Verstorbener); o.J. (vermutlich Anfang 20. Jh.); o.O.; Jingmen; Schreiber Li Jin Wei 李金威, späterer Besitzer Li Xuan Jie 李玄皆; 34 Seiten; 24,4x20,3 cm; Cod. sin. 1021.

Der Text gehört zu den sogenannten „Geheimen Anweisungen" (*miyu*), die dem Ordinierten Erklärungen und Handlungsanweisungen zu den liturgischen Texten bieten: im vorliegenden Falle zum Totenritual. Die Namen des Ordinationsmeisters Li Jing Liang und seines Schülers Li Jin Wei, wurden geschwärzt. Ein späterer Besitzer hat seinen Namen neben dem Titel eingetragen: Li Xuan Jie (Abb.).

Gebrauchsspuren, Beschädigungen durch Feuer, Wasser und Verschmutzungen weisen darauf hin, daß Bücher bei den Yao zu den Gebrauchsmaterialien gehören, die nicht besonders schonend behandelt und aufbewahrt werden. Die Spuren einer solchen Aufbewahrung sind dann an den Büchern zu erkennen. Der Umschlag eines Buches kann jedoch durchaus auch erst später hinzugefügt worden sein, um den beschädigten oder verlorengegangenen Originaleinband zu ersetzen. Die Prägung des Umschlags dürfte auf den Abdruck des Papierschöpfsiebs zurückzuführen sein (Abb.). (XG)

2 *Changge bian chang qingyi* 唱歌便唱情意 (Lieder singen, von den Gefühlen singen); o.J. (um 1970); o.O. (wahrscheinlich Laos); 5 Seiten; 21x 14,5 cm; Cod. sin. 156.

Das kleine, aus nur fünf Doppelseiten bestehende Liederbuch trägt weder Titel (der genannte Titel gibt die ersten Zeichen des Textes wieder) noch Datierung und Namen. Der Umfang und der eher flüchtige Duktus der Schrift lassen vermuten, daß das Heftchen lediglich zur Fixierung von Notizen angelegt wurde. Die Gesänge sind in siebensilbige Verse gefaßt und behandeln den Bau und die Weihe eines Bootes (Abb. rechts). Der „Bau" bzw. das „Besteigen eines Bootes" oder Schiffs sind Metaphern für die Jenseitsreise des Ordinanden. Die Lieder in diesem Büchlein dürften daher mit der Ordination in Zusammenhang stehen (vgl. Kat. 42).

Der Text wurde auf die Rückseite des Packpapiers eines amerikanischen Care-Pakets geschrieben, das um 1970 wahrscheinlich in Laos verteilt worden war. Nach dem Zuschneiden in die passende Größe wurden die Blätter zu Doppelseiten gefaltet und an den offenen Rändern mit einer Schnur zusammengeheftet (Abb. links). (XG)

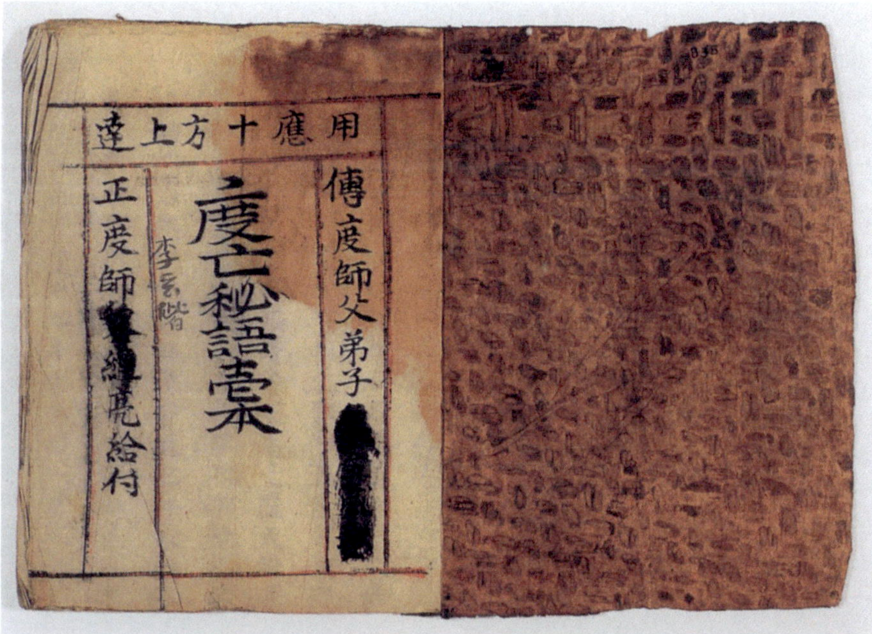

用應十方上達
傳度師父弟子[redacted]
度亡秘語稾
正度師[redacted]經亮給付

THE UNITED STATES OF AMER
UNITED STATES OF AMERICA
NOT TO BE SOLD OR EXCHANG
CONTRACT NO. GR (P) 5895

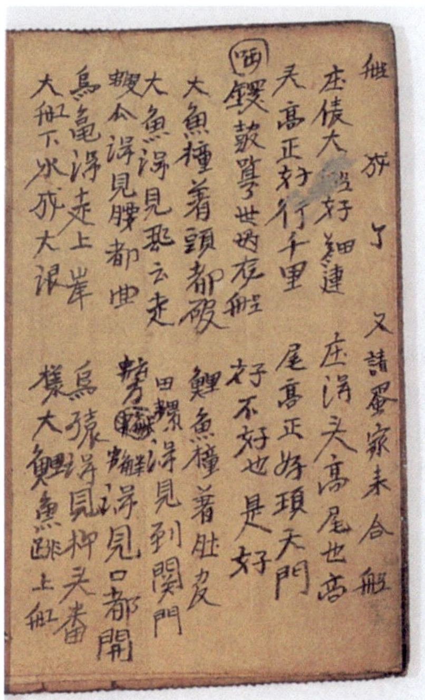

3 *Chi xiang fa yong* 敕舡法用 (Bootsritual zur Verbannung von Krankheitsgeistern); 1968; o.O.; Youmian; Schreiber Li Fu Zhou 李富周; 17 Seiten; 25x15 cm; Cod. sin. 379.

Der Text, der zur Beschwörung der übernatürlichen Mächte bei der Bannung von Krankheitsdämonen benutzt wurde, enthält zahlreiche Darstellungen in roter und schwarzer Farbe. Sie zeigen Talismane (*fu*) sowie männliche und weibliche Figuren, deren Geschlechtsmerkmale deutlich zu erkennen sind. Beiderseits einer mittleren Reihe von nebeneinander angeordneten stilisierten Kombinationen chinesischer Zeichen mit glückbringender und apotropäischer Funktion sind männliche und weibliche Gestalten wie zu einer Parade aufgestellt. Rechts von der Hauptperson in der Mitte der unteren Hälfte schwenken zwei Figuren Flaggen, links von ihr befindet sich ein Schwertträger. Die Hauptperson selbst stellt eine weibliche Person dar, die in ein Horn bläst. Die chinesischen Zeichen um sie herum erklären, daß es sich bei ihr um „Eine Frau aus der Familie Yang“ handelt, „die die Geister und Dämonen empfängt, wobei sie ins Horn bläst“. (XG)

4 *Jinshi zhi fa* 禁事之法 (Bannritual); *Guangxu* 5 (1879); o.O. (vermutlich Vietnam); Jingmen; Schreiber Jiang Dao Yu 蔣道玉; 29 Seiten; 24x21,5 cm; Cod. sin. 517.

Die Zeitangabe in diesem Ritualtext zur Beschwörung der übernatürlichen Mächte bezieht sich auf Geldgeschäfte, die in dem Band notiert wurden (Abb. rechts, vgl. Kat. 28). Der Text wurde mit Strichzeichnungen im Stil klassischer chinesischer Bildergeschichten versehen: ein relativ häufig auftretendes Phänomen in den Yao-Handschriften der Bayerischen Staatsbibliothek. Die Beschriftung einer dieser Darstellungen gibt an, „Vietnamesische Yao“ (*Yuenan Yao*) wiederzugeben. Die Darstellungen weisen keine Beziehung zum Inhalt des Buches auf, sondern wurden vermutlich nachträglich von einem Händler eingefügt, um den Verkaufswert der Bücher zu erhöhen. Direkte Vorlage dürften die Abbildungen in chinesischen Almanachen gewesen sein, die Bauernweisheiten und Vorhersagen illustrieren, und die sich vor allem unter Auslandschinesen auch heute noch großer Beliebtheit erfreuen. (XG)

鬼怪吹角
迎
洋氏者

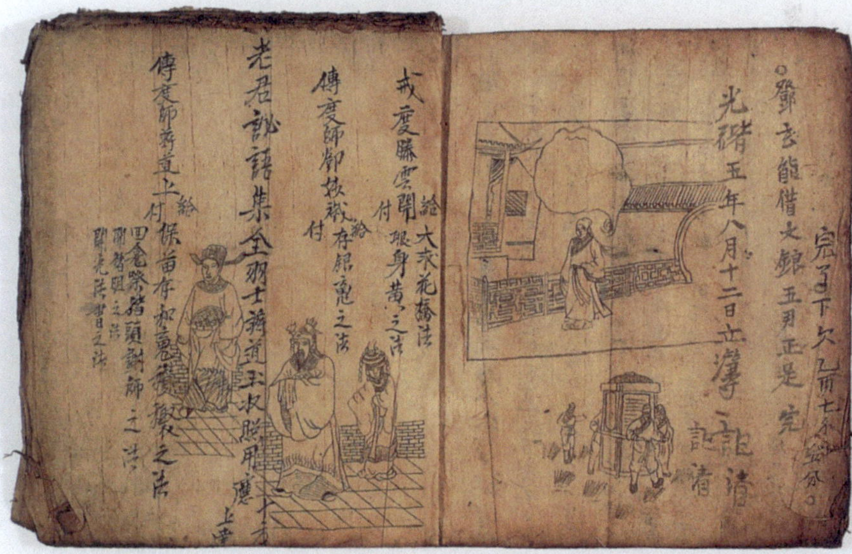
老君訣語集全
光緒五年八月十二日立

5 *Suqi ke* 宿啟科 (Liturgie der Ankündigung); *Guangxu* 18 (1892); o.O. (vermutlich Yunnan); Jingmen; Besitzer Li Dao Jun 李道君, Schreiber Pan Xuan Da 盤玄達; 22 Seiten; 23,5x19 cm; Cod. sin. 573.

Diese Handschrift gehört zu den liturgischen Texten (*ke*). Sie trägt ein zweites Datum, 16. April 1937. Das Ritual, in dem der Text verwendet wird, findet vor der eigentlichen Zeremonie statt. Es kündigt den Gottheiten das folgende kommunale Opferritual *jiao* an und weist sie auf dessen Zweck hin (vgl. Kat. 38).

Die Abbildungen haben keinen Bezug zum Inhalt und wurden offensichtlich später eingefügt. Es sind u.a. buddhistische Symbole wie Lotosblüte und Muschelhorn zu erkennen. Die sehr fein in Rot und Schwarz ausgeführten Darstellungen enthalten Stilelemente, die an die Bilderschrift der in Südwest-China lebenden Naxi erinnern; allerdings weist die Kleidung der wiedergegebenen Personen Züge auf, die sich bei den Frauen der Youmian finden. (XG)

6 *Gongyan honglou miyu* 貢筵紅樓秘語 (Geheime Anweisungen zum großen Bankett und zum Roten Turm); *Dingsi*-Jahr (1917 oder 1977); o.O.; Jingmen; Besitzer Wen Dao Ling 溫道靈; 39 Seiten; 24,5x17,5 cm; Cod. sin. 1041.

Die Schrift zu Ehren der Mutter der Gottheiten *Dimu*, Schutzpatronin der Kinder und Ehe, enthält eine der wenigen Originalillustrationen (Abb.), die einen Text der Jingmen-Yao schmücken. Das Bild zeigt das Himmelsschiff mit zwei Menschen zu beiden Seiten einer schirmbedeckten Fahne.

In der zum Bild gehörigen Beschreibung steht: „Mit Papiergeld besteigen der Meister und die Generäle das [Himmels]schiff. Gottheiten füllen es mit Gold, Silber und Kostbarkeiten. Das große Meer, die Drei Ströme und die Fünf Drachen tragen das Himmelsschiff empor."

Viel häufiger wird in älteren Versionen des gleichen Textes anstelle des Bildes eine Kartusche mit einer Inschrift gezeichnet, die nur im Zusammenhang mit dem Begleittext als ein Hinweis auf ein Schiffssegel verstanden werden kann. Nur die beiden Jingmen-Texte *Honglou miyu* und *Hong'en miyu* (vgl. Kat. 50), die der Himmelsreise und einer Wiedergeburt der Seelen gewidmet sind, enthalten diese Kartusche als Symbol des Himmelsschiffes. (SM)

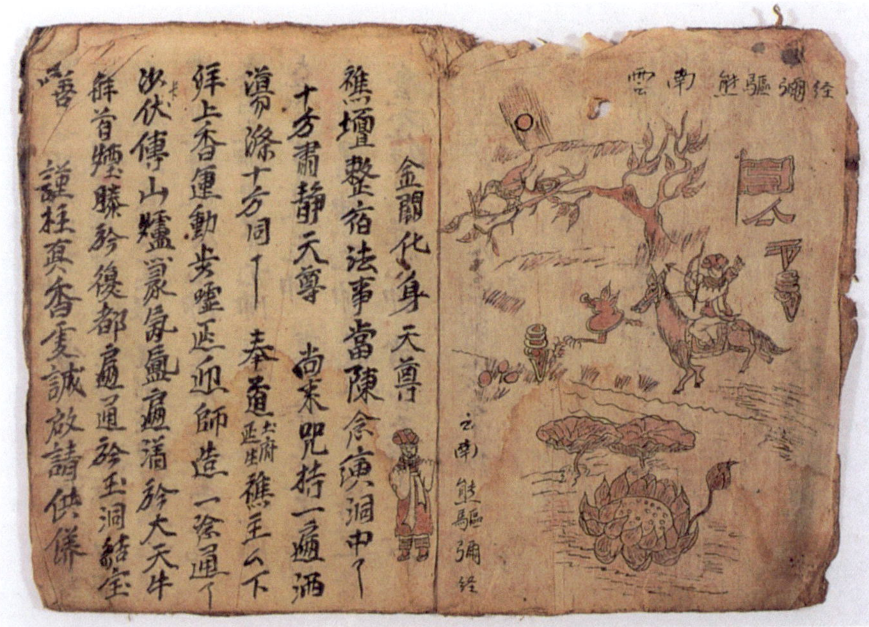

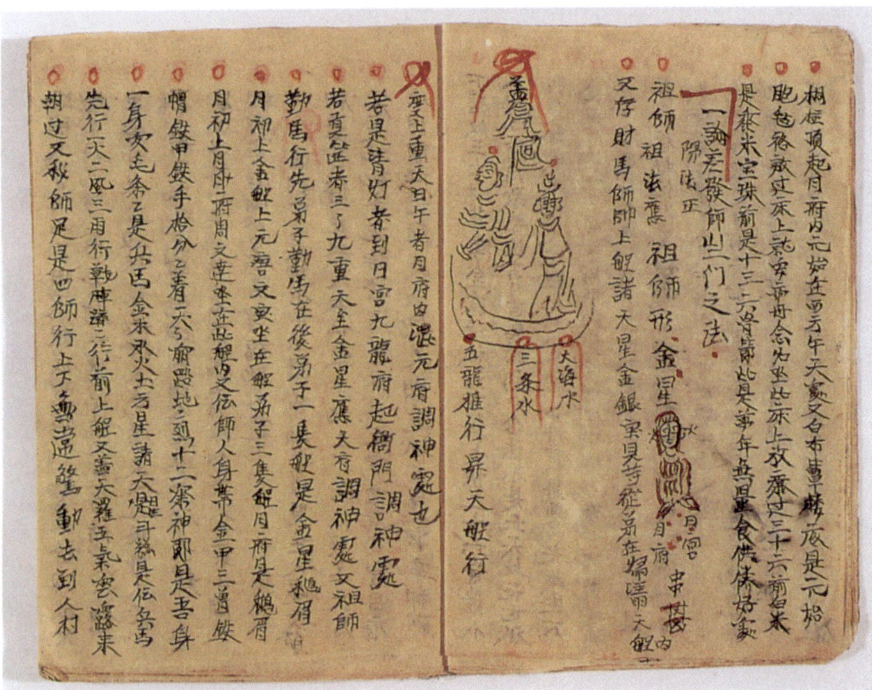

7 *Tianxia wenzhang poliming* 天下文章破理明 (Erkenntnis durch die Erarbeitung der Schriften der Welt); 1962; o,O.; laotische Glossen; 26 Seiten; 18,2x13,5 cm; Cod. sin. 148.

Es handelt sich um ein Lehrbuch, das im vormodernen China zur Unterweisung in chinesischer Schrift und in konfuzianischen Moralvorstellungen diente. Es enthält Lebensweisheiten und Berichte über Feste und Zeremonien. Daß der Text zu Unterrichtszwecken benutzt worden ist, zeigen die zahlreichen Pinselübungen neben und zwischen den Zeilen. Vor allem der Titel wird darin ständig wiederholt. Die mit Kugelschreiber eingetragenen Schreibübungen und Glossen in Laotisch lassen vermuten, daß sich die letzten Benutzer des Buches in Laos aufgehalten haben. Da die Glossen die Aussprache der chinesischen Zeichen wiedergeben, muß man wohl davon ausgehen, daß die Schreiber das Chinesische nicht mehr richtig beherrschten – ein Indiz für die mit zunehmender Südwanderung der Yao nachlassende Fähigkeit, Texte in chinesischer Schrift zu lesen, und die steigende Bevorzugung der lokalen Schriften, vor allem Laotisch und Thai. (XG)

8 *Jiu jing shu* 九經書 (Buch der neun Klassiker); *Gengshen*-Jahr (vermutlich 1941); o.O.; Besitzer namens Zhao 趙; 14 Seiten; 18,8x14,5 cm; Cod. sin. 147.

Das Lehrbuch diente in erster Linie zur Unterweisung in chinesischer Schrift und in den konfuzianischen Wertvorstellungen. Das *Jiu jing shu* (vgl. Kat. 54), das Abschnitte aus klassischen chinesischen Werken enthalten soll, wurde von der chinesischen Verwaltung ab Beginn der Qing-Dynastie (1644-1911) zur Erziehung der „Südbarbaren" eingesetzt. Unter anderem finden sich Auszüge, die den konfuzianischen Klassikern *Lunyu* und *Mengzi* zugeschrieben werden (Abb.). Beide Texte beschäftigen sich mit der richtigen Erziehung von Jungen und Mädchen. (XG)

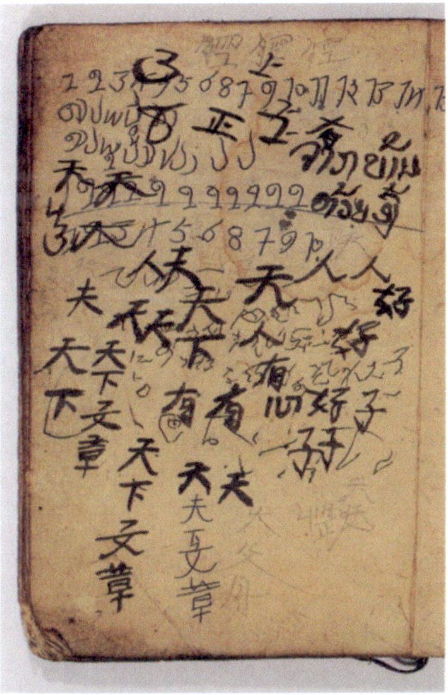

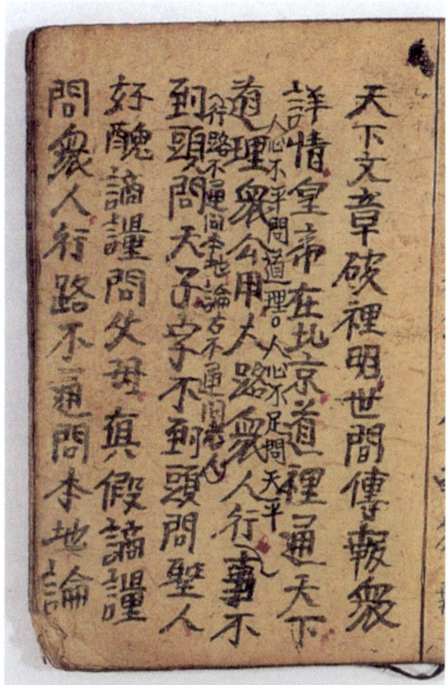

天下文章破裡明世間傳報衆
詳情皇帝在北京道理通天下
道理衆公用大路衆人行事不
到頭問天子字不到頭問聖人
好醜論謹問父母真假論謹
問衆人行路不通問本地論

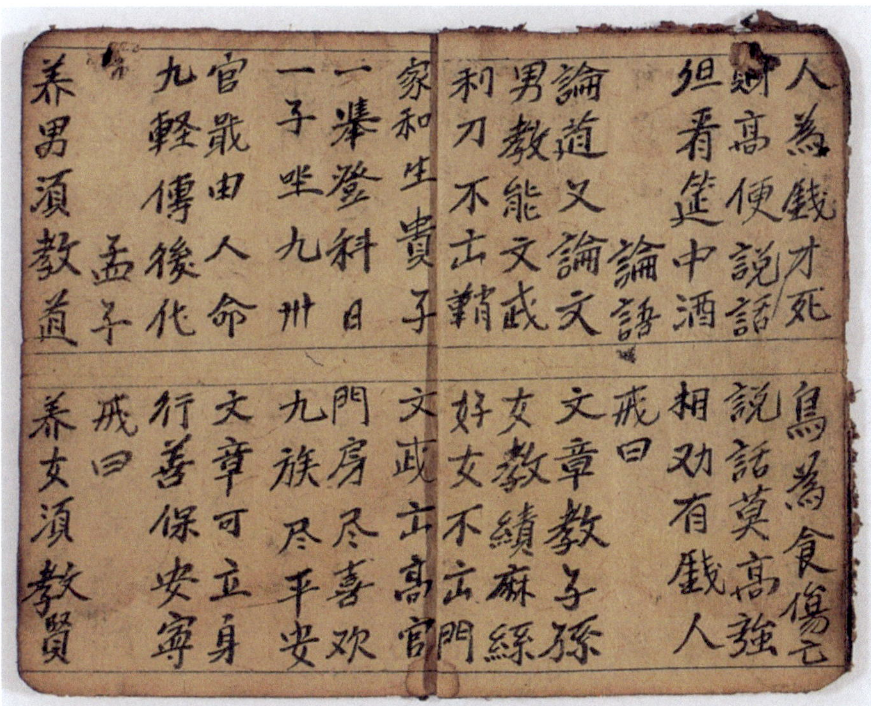

人為錢才死
但看筵中酒
論語
論道又論文
男教能文武
利刀不出鞘
家和生貴子
一擧登科日
一子坐九卅
官職由人命
九輕傳後代
孟子
养男須教道

鳥為食傷亡
說話莫高強
相劝有錢人
戒曰
文章教子孫
女教績麻絲
好女不出門
文武出高官
門房尽喜欢
九族尽平安
文章可立身
行善保安寧
戒曰
养女須教賢

9 *Za zi* 雜子 (Verschiedene Zeichen); 1918; Shanghai, Laos/Nordthailand; Han-chinesischer Herkunft; Besitzer Li Wen Cai 李文才, Schreiber namens Tang 唐 aus Chengdu; Glossen in Chinesisch und Tai Lue-Schrift; nachträglich illustriert; 19 Seiten; 18,5x15,5 cm; Cod. sin. 168.

Neben kleineren Texten und Abbildungen zu divinatorischen Zwecken enthält die Handschrift eine Liste chinesischer Schriftzeichen (Abb.). Es handelt sich um besonders seltene oder komplizierte Varianten, denen jeweils ein kleineres Schriftzeichen beigefügt ist, welches die Aussprache wiedergibt. Diese stimmt jedoch in den meisten Fällen nicht mit der heutigen hochchinesischen Aussprache überein. Das kleine Wörterbuch ist durch Zwischenüberschriften in Abschnitte unterteilt, von denen sich einige auf Kapitel aus chinesischen Klassikern wie *Mengzi* oder *Shijing* beziehen. (LO)

10 *Chuxue zhengwen* 初學正文 (Grundlegende Texte für Schulanfänger); o.J. (vermutlich erste Hälfte des 19. Jh.); o.O.; Besitzer Deng Yan Tao 鄧演條; Jingmen; 7 Seiten; 25x20,5 cm; Cod. sin. 911.

Bücher dieser Art, die der Gattung „Verschiedene Zeichen" (*za zi*) zuzurechnen sind, wurden vor allem in den letzten Jahrhunderten in großer Anzahl verfaßt, um chinesischen Kindern Begriffe der klassischen Schriften über Tier- und Pflanzenwelt, Kosmologie und Geographie, Musik und andere Bereiche zu erklären. Die Kinder lernten durch diese Texte überdies Lesen und Schreiben und zugleich wurde ihnen die literarische Tradition Chinas vermittelt.

Das Buch war im Besitz eines *Shigong*-Priesters der Jingmen-Yao. Auch bei den Youmian kommt es vor, daß Teile ähnlicher Lehrbücher den Ritualtexten beigefügt werden. Dies sowie schriftliche Überlieferungen in lokalen Chroniken weisen darauf hin, daß solche Lehrbücher auch für die Kindererziehung der Jingmen-Yao, der Youmian-Yao und anderer ethnischer Gruppen verwendet wurden. (SM)

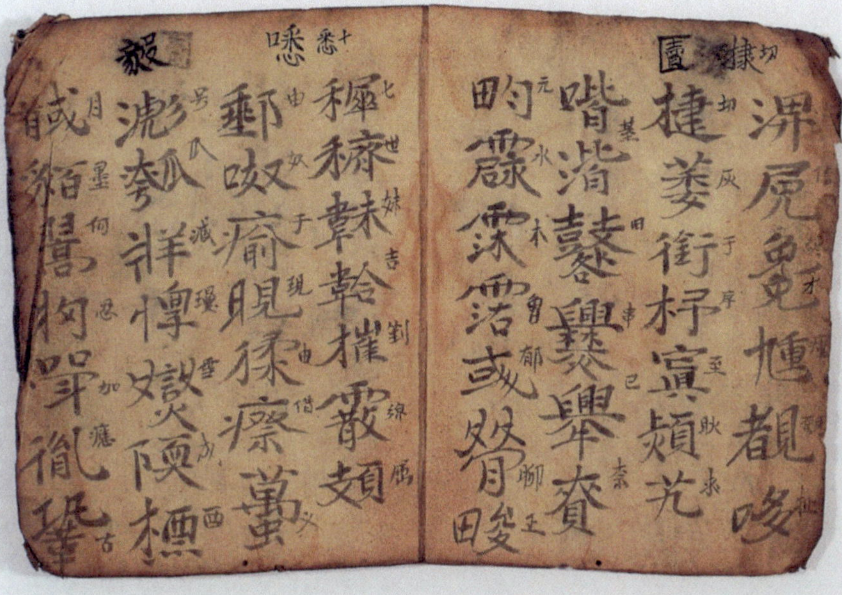

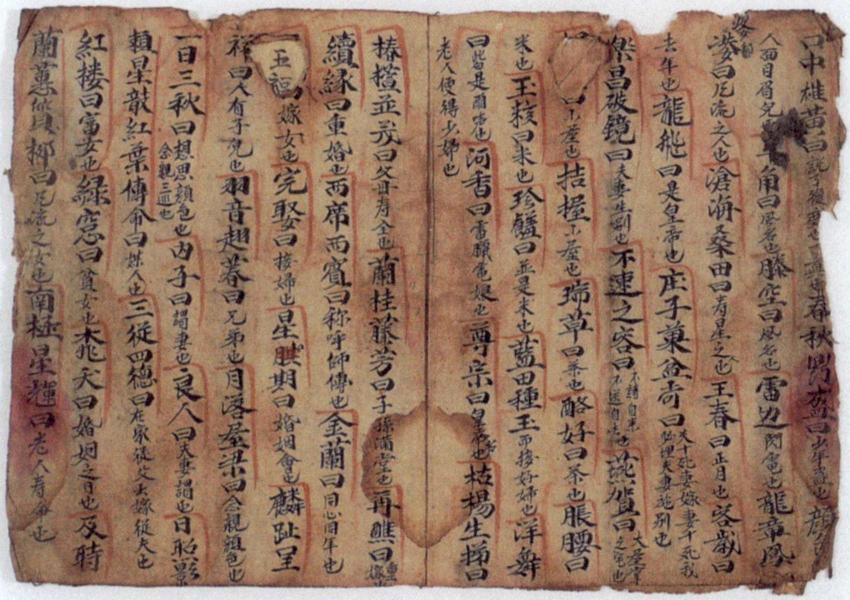

11 *Dashu ge* 大書歌 (Großes Gesangbuch); 1955; o.O.; späterer Besitzer Pan Fu Gui 盤富貴; Youmian (Titel, Datum und Namen nachträglich eingetragen); 43 Seiten; 27x19,5 cm; Letterndruck; Cod. sin. 347.

Das Buch wurde bei einem Dankfest zu Ehren des Königs Pan sowie weiterer Gottheiten verwendet; Anweisungen zur Ordination der Youmian-Yao nehmen einen wesentlichen Teil des Textes ein. König Pan wird neben zahlreichen anderen Gottheiten der Youmian und chinesischen daoistischen Gottheiten zum Ritualplatz gerufen. Das Lied des Königs Pan (Abb.) schildert die Lebensgeschichte König Pans, einschließlich Geburt, Alter und Tod.

Die Seiten sind einseitig bedruckt, gefaltet und mit Faden gebunden. Ersteres ist unüblich für die Yao. Die Art der Bindung mit dichten Stichen weist Parallelen zu der aus Laos auf (vgl. Beschreibstoffe). Es wurden wie bei handschriftlichen Versionen falsche Schriftzeichen oder Homonyme verwendet. Auch der Inhalt ist nicht vollständiger oder verständlicher als bei handschriftlichen Versionen. (SM)

12 *Panwang dalu ge* 盤王大路歌 (Große Gesänge zu Ehren des Königs Pan); *Jiaqing* 2 (1797), o.O. (wahrscheinlich Guangxi); Besitzer Huang Fa Xian 黃法仙; Youmian; 53 Seiten; 25,5x29,5 cm; Cod. sin. 495.

Diese Gesänge sind nur für die Youmian-Yao belegt und stehen im Mittelpunkt des großen Festes zu Ehren des Königs Pan.

Sie schildern zunächst die Erschaffung der Menschen und die Begründung der Zwölf Clans der Yao, bevor die vier Hauptgottheiten, darunter König Pan, eingeladen werden, aus ihren Tempeln zum Ritualplatz zu kommen. Während des Rezitierens wird das Buch auf jene Schalen gelegt, in denen Speiseopfer dargebracht werden. Nachdem ein Abschnitt gesungen worden ist, wird das Buch heruntergenommen. Priester legen König Pan Speisen auf und schenken ihm Wein nach. Erst dann nehmen alle Teilnehmer am Fest gemeinsam das Essen zu sich. Nach diesem Mahl wird der nächste Abschnitt des *Panwang dalu ge* gesungen. Bestandteile sind überdies Ratespiele *Hewu ge* (Abb.) zwischen Gruppen von Männern und Frauen; die Schlagfertigkeit der Teilnehmer bei den Antworten trägt auch zur Unterhaltung der Zuhörer bei. (SM)

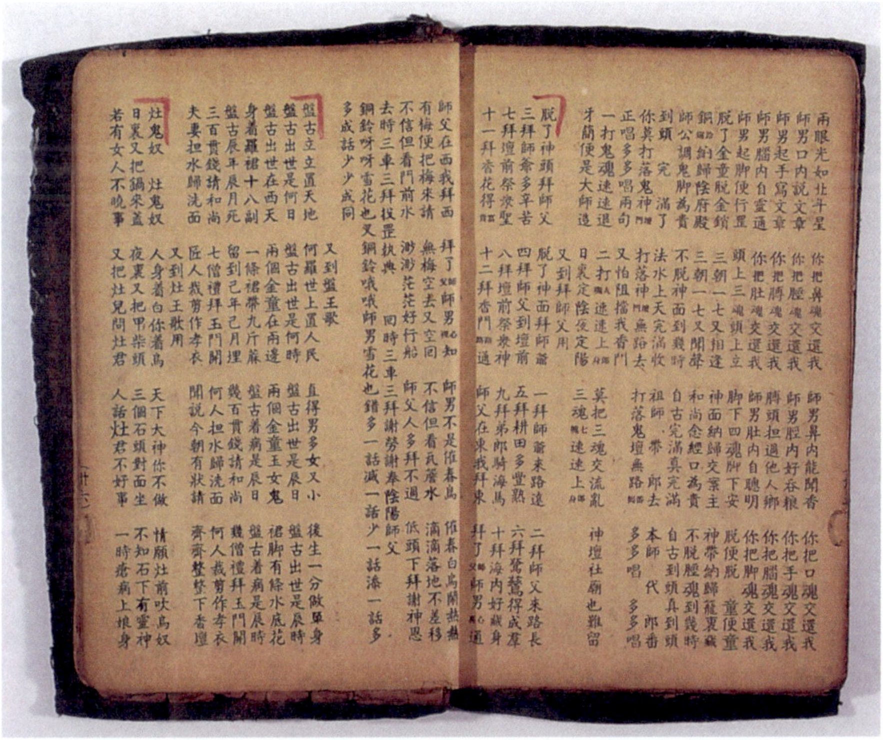

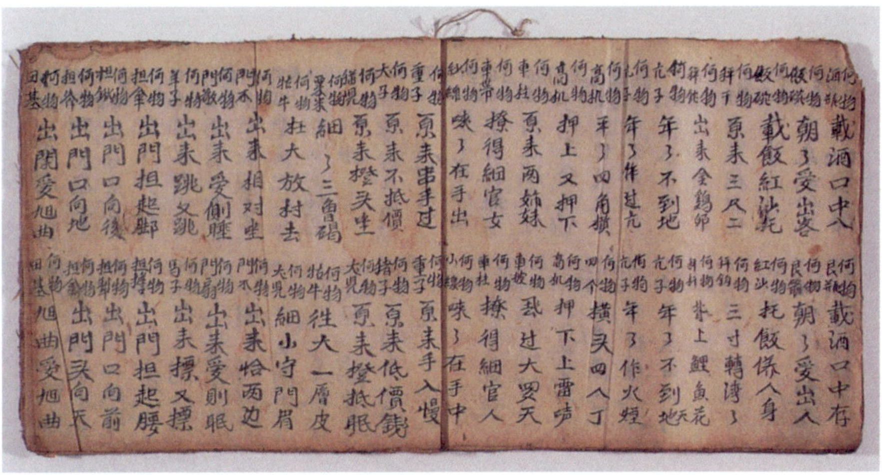

13 *Qing tiandi gui* 請天地鬼; *She mugui shu* 設墓鬼書 (Einladung an Himmels- und Erdgeister; Buch über den Umgang mit Grabgeistern); 1911-1933; Longhuang, Yunnan; Youmian; Besitzer Pan Wen Gui 盤文貴, Pan Fa Tai 盤法太; 53 Seiten; 20x17 cm, Aufhängeschnur; Cod. sin. 152.

Bei der Divination mit Hilfe der „Ratten der vier Jahreszeiten" werden die Körperteile der Ratte für die drei Monate jeder Jahreszeit mit Kalenderzykluszeichen assoziiert, aus deren Position man die Eignung eines Tages für bestimmte Vorhaben ablesen kann. (LO)

14 *Hehun tongshu* 合婚通書 (Almanach mit Ehehoroskopen); *Xianfeng* 1 (1851); o.O.; Jingmen; Besitzer Li Xuan Cong 李玄聰, Li Dao Xian 李道賢, Schreiber namens Chen 陳 aus Wuyi; 33 Seiten; mit gedrehten Papierfäden zusammengeheftet; 24,5x18 cm; Cod. sin. 1044.

Die Schrift enthält Tabellen und Divinationstexte zur Ermittlung von geeigneten Ehepartnern. Dabei wird dem Einfluß des Himmelshundes *tiangou,* eines unglückbringenden Sternbildes, besondere Aufmerksamkeit gewidmet. Seinen Körperteilen werden bestimmte Kalenderzykluszeichen zugeordnet, um unglückverheißende Tage zu ermitteln. (LO)

15 *Dili* 地理 (Geomantie); o.J.; o.O.; Han-chinesischer Herkunft; 69 Seiten; 28,5x15cm; Cod. sin. 231.

Das Lehrbuch der Geomantie enthält Diagramme, Tabellen, Abbildungen, Erklärungen des Geomantenkompasses und einleitende Bemerkungen über grundlegende Konzepte und moralisches Verhalten beim Ausüben dieser Methode. Große Aufmerksamkeit gilt dabei den Erddrachen, die man beim Haus- oder Grabbau verletzen und erzürnen könnte. (LO)

16 Ohne Titel (identifiziert als *Xianchuan douzhen qishu xiajuan* 仙傳痘疹奇書下卷); o.J.; o.O.; 42 Seiten; 28,5x16,5 cm; Cod. sin. 232.

Aus dem Vergleich mit einem Werk aus den Beständen der Bodleian Library, Oxford, geht hervor, daß diese Handschrift der letzte Band eines dreibändigen Werkes zu Pockenerkrankungen bei Kindern ist. Die Vorlage hierzu wurde von dem auf die Behandlung von Pocken spezialisierten Arzt Gao Wogang verfaßt und von seinem Sohn Gao Yaocheng 1598 erstmals veröffentlicht. Oben finden sich jeweils Angaben über Symptome, Diagnose und mögliche Komplikationen, unten eine zugehörige Illustration. (SM)

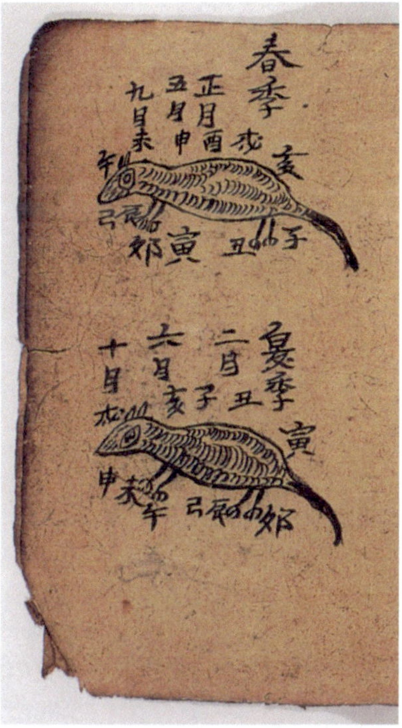
春季
正月
五月
九月
夏季
二月
六月
十月

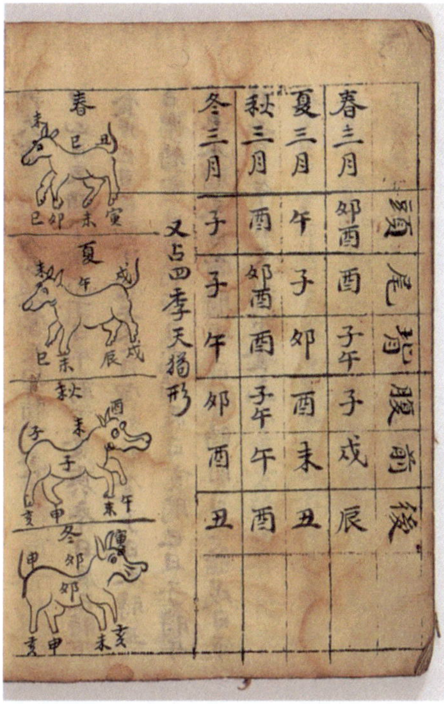
春三月
夏三月
秋三月
冬三月
頭
尾
背
腹
前
後
又占四季天狗形

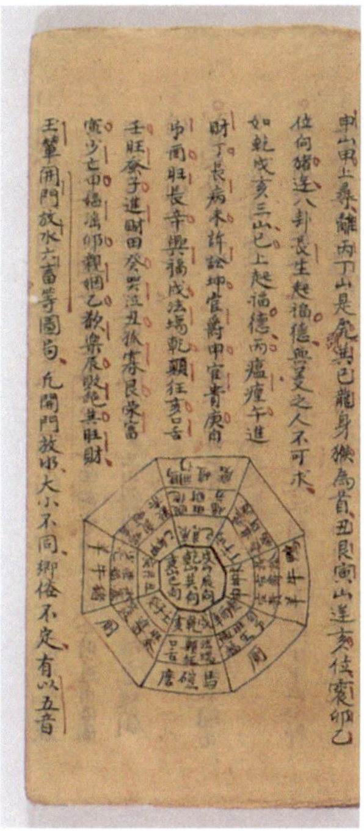

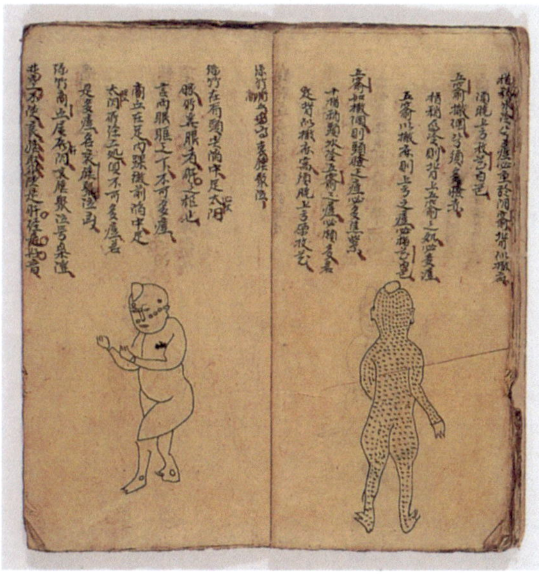

17 Ohne Titel (*Pinghuang quandie* 評皇券牒, „Urkunde des Königs Ping"); *Guangxu* 24 (1898); o.O.; Schreiber Feng Jin Wang 馮金旺; Rolle; 24x365 cm; Cod. sin. 361.

Die Querrolle weist deutliche Gebrauchsspuren auf. Die Ränder sind stellenweise stark beschädigt; am Anfang und am Ende fehlen Stücke unbestimmbarer Breite. Das jüngste Datum ist nach chinesischem und christlichem Kalender gegeben: *Guangxu* 24, 1898. Zustand und Orthographie sprechen für eine Niederschrift nicht lange danach, Beschreibstoff und Illustrationen jedoch für ein erheblich späteres Datum.

Der Text gehört zur selben Tradition wie Kat. 55. Sie kennt ebenfalls *Pan Gu* und seine Nachfahren, nicht aber *Pan Hu*. Die Urkunde fehlt. Ob die Handschrift Sinica 3539 aus der Bodleian Library das zugehörige Endstück darstellt, ist noch nicht geklärt – immerhin enthält sie neben der Proklamation über die Niederlassungsfreiheit den Namen desselben Schreibers. Die für Urkunden üblichen Rundsiegel fehlen.

Bemerkenswert ist die Charakterisierung von Hunan als Rückzugsgebiet gestürzter Dynastien. Nach dem Sieg der Qidan sollen die Tang (618-907 n.Chr.) eine Südliche Hauptstadt im Kreis Songbo errichtet haben. Und von den Song (960-1279) heißt es: Nach dem Sieg der Mongolen gaben sie ihren Hof auf und zogen in die Südberge. Später vernichtete der erste Kaiser der Ming (1368-1644) die Mongolen, entsandte seine Truppen gen Süden und ermordete Tausende und Abertausende. Nach drei Jahren wurden die Friedensverhandlungen mit einer Proklamation über die Niederlassungsfreiheit abgeschlossen. Im Gegenzug übergaben die Song das Neun-Drachen-Siegel. Dieses wird (Abb.) im Zusammenhang mit dem Flutenbändiger *Yu* abgebildet: Nachdem er die Neun Weltregionen von den Wassern befreit habe, habe er dies Siegel für seine Hauptstadt benutzt (?), und so sei es seitdem bei den chinesischen Königen gewesen. Die bekannten Quellen wissen nichts hiervon, auch das Siegel ist unbekannt.

Bemerkenswert sind ferner die Illustrationen: Neben dem Siegel schmükken vier Karten, Personenbildnisse sowie zwei kleine Szenen die Rolle. Alle Personen sind mit Federgewand dargestellt, so auch der Große *Yu* mit *jingu*-Stab und einem rührenden Drachen im Gefolge. Die unmotivierte Beigabe einer Szene mit Adoranten unter der Beischrift „verehren Gott" mag auf Bekanntschaft mit protestantischen Vorstellungen zurückgehen. Auf der genordeten Karte wird die Sintflut der Jahre *Yin* und *Mao* erwähnt, ein wiederkehrender Topos in Texten der Youmian-Yao. (MF)

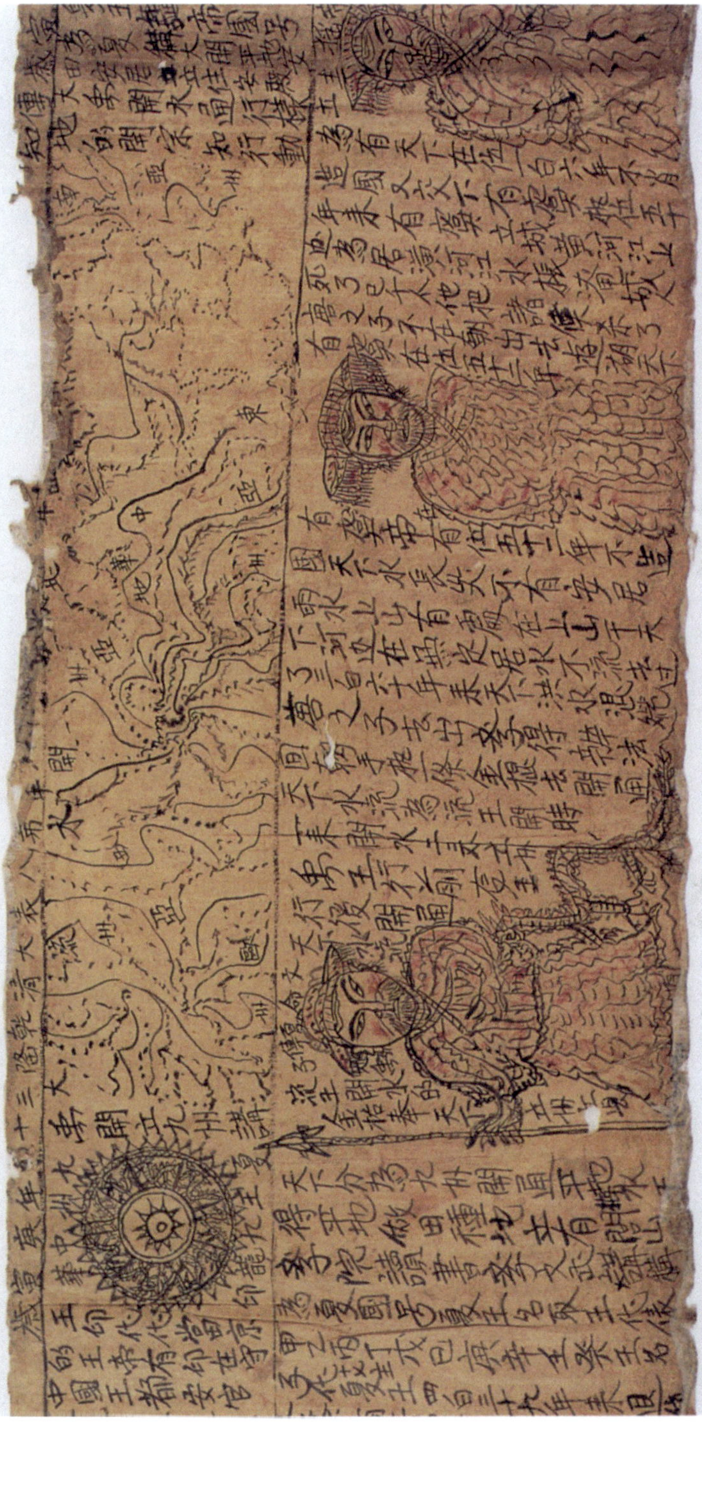

18 *Zhan jinqian gua keshu* 占金錢卦課書 (Lehrbuch zur Divination mit Hilfe von Münzen); 1958; o.O. (China/Laos); Youmian; Besitzer Pan Shizhe 盤氏者, Zhao Fa Mao 趙法卯; Schreiber He Xin Hua 訶新華 (vgl. Kat. 54); 18 Seiten; Glossen in Laotisch; mit fünf angebundenen chinesischen Münzen aus den Regierungsperioden *Qianlong*, *Jiaqing*, *Daoguang* und *Xianfeng* (1736-1862) der Qing-Dynastie; 24,5x16,5 cm; Cod. sin. 173.

Die Handschrift enthält neben zwei kleineren Divinationstexten die ausführliche Beschreibung eines Münzorakels. Es werden 32 Kombinationsmöglichkeiten der Vorder- beziehungsweise Rückseiten von in einer Reihe angeordneten Münzen und die jeweiligen Bedeutungen aufgeführt. In gereimten Kommentaren wird das Ergebnis genauer erläutert. So verheißt eine Variante, bei der die drei mittleren Münzen mit der Vorderseite nach oben zu liegen kommen, Reichtum, hohe Ämter, Frieden und Gesundheit (Abb.). Der Kommentar führt aus, daß auf Reisen alles nach Wunsch verlaufe, man weder Neid noch Flüche auf sich ziehe, das Privatleben harmonisch verlaufe, Reichtum sich einstelle und man eine glückliche Ehe führe. Den Abschluß des Textes bildet eine Anweisung zur Ausführung des Orakels: man solle sich die Hände waschen, aufrichtigen Herzens Räucherstäbchen anzünden, die Münzen in beiden Händen darüber schütteln und verschiedene Gottheiten über die Fragestellung des Orakels aufklären. (LO)

19 Besticktes Tuch; o.J.; o.O.; 34x34,5 cm; Cod. sin. 595.

Das Tuch wird bei der Hochzeit von der Braut auf dem Kopf getragen. Nach der Feier kann sie den silbernen Scheitelschmuck darin einwickeln und aufbewahren.

Es ist mit glückbringenden chinesischen Schriftzeichen bestickt. Die fünf großen Zeichen in der Mitte und den Ecken lauten: *yi* – tugendhaft, *sheng* – übertreffen, *lan* – wohlriechend, *qiong* – hervorragend und *gua* – aufhängen. Letzteres Zeichen bezieht sich auf das „Aufhängen der Lampen", einen Teil der Ordinationszeremonie. Während der Mann sich der Ordination unterziehen muß, um einen höheren spirituellen Status zu erreichen, wird die Frau zusammen mit ihrem Ehemann in diesen Rang erhoben, ohne selbst die Zeremonie durchführen zu müssen. Das Tuch drückt also zum einen den Status der verheirateten Frau aus, zum anderen den erreichten spirituellen Rang. (XG)

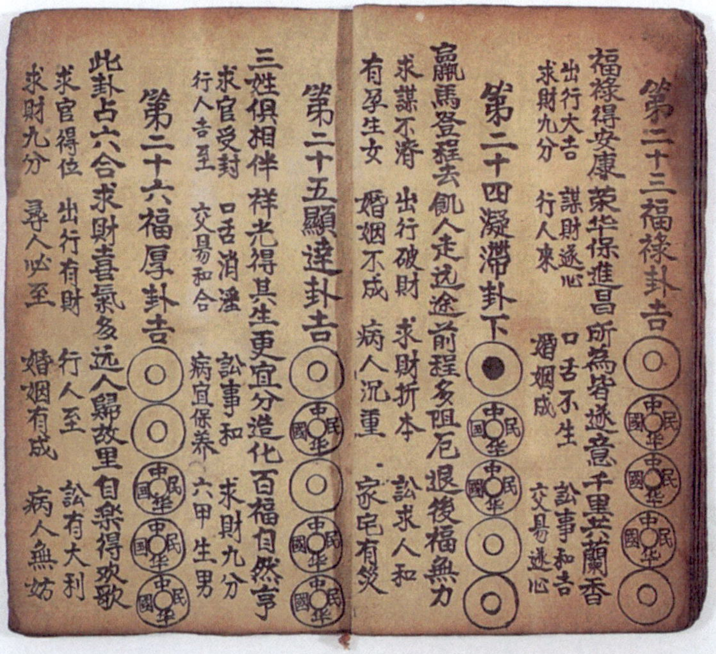
第二十三福祿卦吉
福祿得安康榮华保進昌所爲皆遂意千里共蘭香
出行大吉 謀財遂心 口舌不生 訟事和吉
求財九分 行人來 婚姻成 交易遂心
第二十四凝滯卦下
羸馬登程去飢人走远途前程多阻厄退後福無力
求謀不濟 出行破財 求財折本 訟求人和
有孕生女 婚姻不成 病人沉重 家宅有災
第二十五顯達卦吉
三姓俱相伴祥光得其生更宜分造化百福自然亨
求官受封 口舌消滅 訟事和 求財九分
行人吉至 交易和合 病宜保养 六甲生男
第二十六福厚卦吉
此卦占六合求財喜氣多远人歸故里自樂得欢歌
求官得位 出行有財 行人至 訟有大利
求財九分 尋人必至 婚姻有成 病人無妨

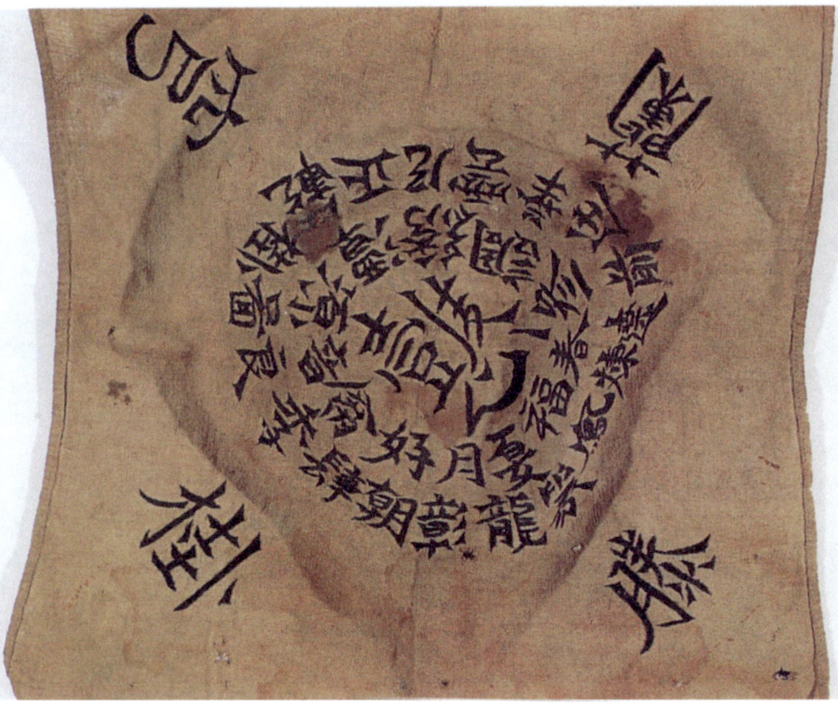

20 Ohne Titel (*Guansha baizhong jing* 關煞百中經, Schrift über hundertfache Beeinträchtigung durch die Paßtöter); *Jiashen*-Jahr (1884 oder 1944); o.O.; vermutlich Youmian; Besitzer Pan Gui Xian 盤貴縣; 21x13 cm; 48 Seiten; chinesische Glossen, illustriert; Cod. sin. 346.

Die Handschrift enthält neben kleineren Abschnitten zu Divinationszwecken einen Text, der den Einfluß schlechter Geburtshoroskope illustriert. Dieser wird versinnbildlicht durch „Pässe" (*guan*) bzw. „Paßtöter" (*guansha*), die das Schicksal eines Menschen beeinträchtigen können. Ein solcher *guan* kann sich in Schlangenbissen, Totgeburten, Unfällen, Krankheiten und dem Verlust des Ehepartners äußern, aber auch dadurch, daß man von Geistern heimgesucht wird, zum Mönch wird oder in der Hölle landet. Findet sich ein *guan* im Horoskop, müssen bis zum Erwachsenenenalter sogenannte „Brückenrituale" durchgeführt werden, um das Schicksal „aufzubessern". Der „Paß des weißen Tigers" (Abb.) birgt die Gefahr, daß kleine Kinder Krämpfe bekommen, die getrunkene Milch wieder erbrechen oder Blut verlieren. Der „Paß des Blumenpflückens" (Abb.) bewirkt, daß illegitime sexuelle Beziehungen aufgenommen und somit konfuzianische Prinzipien verletzt werden. (LO)

21 *Jiashen liunian baizhong jing* 甲申流年百中經 (Schrift über Kalenderzykluszeichen, Jahreshoroskope und hundertfache Beeinträchtigung); *Guangxu*-Periode (1875-1908); o.O.; Youmian, vermutlich chinesischer Herkunft; Besitzer Pan Cheng Wang 盤承旺, Pan Xian Chang 盤先昌, Pan You Sheng 盤有生; 78 Seiten, S. 5a-74b eines paginierten Blockdrucks eingebunden; 19,5x13 cm; Cod. sin. 502.

Der Blockdruck über die Beeinträchtigung des Schicksals durch „Pässe" (*guan*) könnte als Vorlage für Kat. 20 gedient haben. Wird das Horoskop eines Kindes vom „Paß der Eisenschlange" (*tieshe guan*) beherrscht, drohen Pocken. Handelt es sich um den „Paß der Aufgehängten" (*tiandiao guan*), sind Sorgen und Ruhelosigkeit zu befürchten, beim „Paß der vier Jahreszeiten" (*siji guan*) Gefahr während des ersten Lebensjahres, beim „Paß des eiligen Fusses" (*jijiao guan*) die Gefahr, daß das Kind verstört wird, weil es gestolpert ist. Wird das Horoskop vom „Paß des Brunnensturzes" (*luojing guan*) bestimmt, sollten Gewässer und Brunnen gemieden werden; beim „Paß der fünf Geister" (*wugui guan*) und beim „Mönchspaß" (*heshang guan*) sollte man Tempeln und Klöstern ausweichen, um zu verhindern, daß das Kind Mönch oder Nonne wird. Ein früher Tod wird symbolisiert durch den „Paß des Höllenkönigs" (*yanluo guan*). (LO)

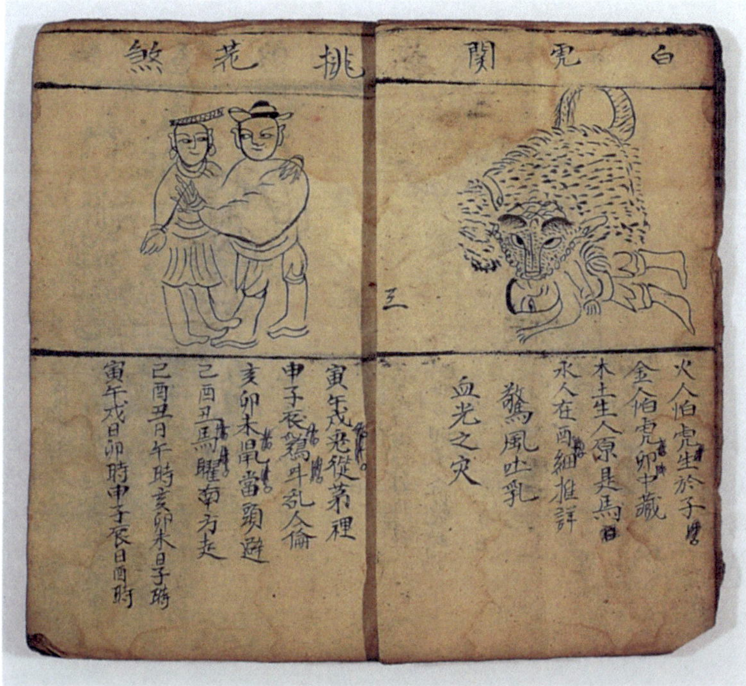
白虎関
挑花煞
三
火人怕虎生於子
金人怕虎卯中藏
木土生人原是馬
水人在酉細推詳
驚風吐乳
血光之灾
寅午戌兎從茆裡
申子辰鷄叫乱人倫
亥卯未鼠當頭避
巳酉丑馬躍南方走
巳酉丑月午時亥卯未日子時
寅午戌日卯時申子辰日酉時

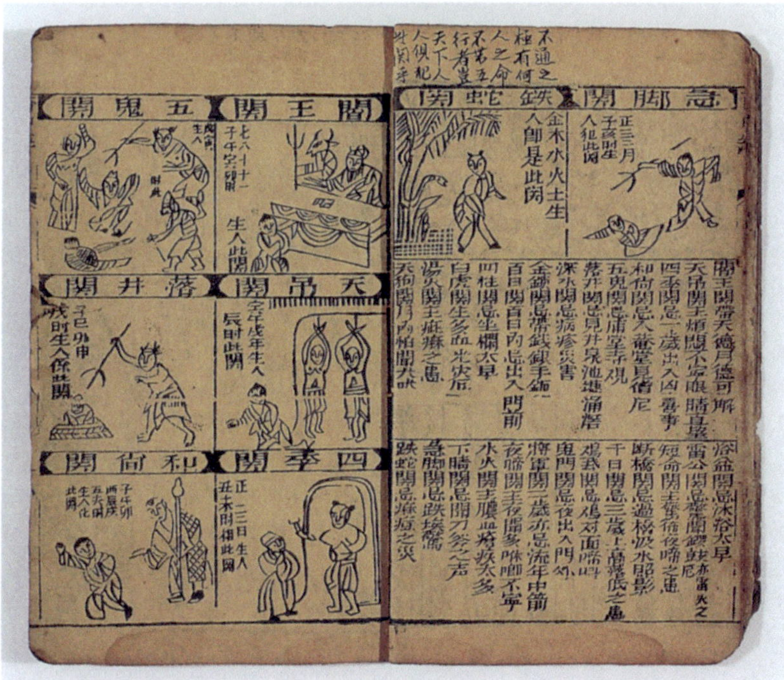
不通之
極有何
人之命
不苦五
行者豈
天下人
人俱犯
急脚関
鉄蛇関
正二三月
子亥時生
人犯此関
金木水火土生
人即是此関
閻王関帶天德月德可解
天吊関主姫関不安眼睛直竪
四季関忌一歳出入凶喜事
和尚関忌入庵堂見僧尼
五鬼関忌入庙堂寺观
落井関忌見井泉池塘涌潜
深水関忌病疹灾害
金鎖関忌帶鉄銀手鐲
百日関百日内忌出入門前
四柱関忌坐欄太早
白虎関生多血光灾厄
湯火関主疵瘢之患
天狗関月内怕閙犬吠
浴盆関忌沐浴太早
雷公関忌聲響鑼鼓
短命関主夜啼之患
断橋関忌過橋汲水照影
千日関忌三歳上高處之患
鶏飛関忌鶏对面啼叫
鬼門関忌夜出入門外
將軍関一歳亦忌流年中節
夜啼関主夜啼多咻咧不寧
水火関主膿血瘡疾太多
下睛関忌開刀斧之声
急脚関忌跌撲驚
鉄蛇関忌瘡疹之災
五鬼関
閻王関
七八十十一
子午宇卯時
生人此関
落井関
天吊関
子巳卯申
戌时生人係此関
寅午戌年生人
辰时此関
和尚関
四季関
正二三日生人
丑未时犯此関

22 *Hepen shu* 合盆書 (Buch über das Zusammenführen von Schüsseln); 1930; o.O.; Youmian; Besitzer Pan Cheng Long 盤承龍; 52 Seiten; Einband aus gestreiftem, auf Papier aufgenähtem Stoff; 24,5x14,5 cm; Cod. sin. 345.

Neben verschiedenen Divinationstexten und Abschnitten für *huanyuan*-Rituale zu Ehren von König Pan, enthält die Handschrift illustrierte Ehehoroskope. Grundlegend für die Wahl des passenden Ehepartners ist der Charakter eines Menschen, der unter anderem durch sein Geburtsjahr bestimmt wird, welches mit einer der fünf Phasen Holz, Feuer, Metall, Wasser oder Erde assoziiert ist. So hätte eine Ehe zwischen einem Mann, der in der Wasser-Phase, und einer Frau, die in der Erd-Phase geboren wurde, katastrophale Folgen: die Partner kämen nicht miteinander aus, ihre Getreidespeicher blieben leer, alle Kinder und Haustiere würden sterben. Die Ehe mit einer Holz-Frau hingegen wäre mit drei Kindern gesegnet, Pferde und Kühe würden gedeihen, die Vorratsspeicher wären gefüllt, Reichtum und großes Glück garantiert. Holz-Mann und Metall-Frau harmonierten, würden viele Kinder und Haustiere haben und es zu Wohlstand bringen. Feuer-Mann und Feuer-Frau vertrügen sich indessen nicht, machten sich gegenseitig das Leben schwer und würden für sich und ihre Kinder nichts zu essen haben. (LO)

23 *Hepen* 合盆 (Zusammenführen von Schüsseln); *Xianfeng* 12 (1862); o.O.; vermutlich Youmian; Besitzer Wang You Gui 王有貴; 39 Seiten; Aufhängeschnur; nachträglich illustriert; 20,5x13,5 cm; Cod. sin. 491.

Die Handschrift enthält ausschließlich Divinationstabellen zur Erstellung von Ehehoroskopen. Geburtsjahr, -monat, -tag und -stunde von Bräutigam und Braut, die durch je zwei Kalenderzykluszeichen repräsentiert werden, vergleicht man, um Charakterzüge, die zukünftige finanzielle Situation, soziale Stellung, Lebenslänge und Kinderzahl zu ermitteln und glückverheißende Termine für alle mit der Heirat verbundenen Aktivitäten zu eruieren. Aus der Kombination bestimmter Kalenderzykluszeichen mit den fünf Phasen resultieren Prognosen für die Ehe, die als „Paläste“ (*gong*) bezeichnet werden. So verheißen „Höchstes Gedeihen“ (*diwang*) oder „Palast der Ernährung“ (*yanggong*) eine harmonische Beziehung und Glück für die Ehe. „Palast der Krankheit“ (*binggong*) dagegen deutet darauf hin, daß das Paar nicht sehr gut zusammen paßt. „Palast des Todes“ (*sigong*) und „Palast der Beendigung“ (*juegong*) sprechen gar für eine Unvereinbarkeit der Charaktere, für Krankheit, Tod oder Trennung der Ehepartner. (LO)

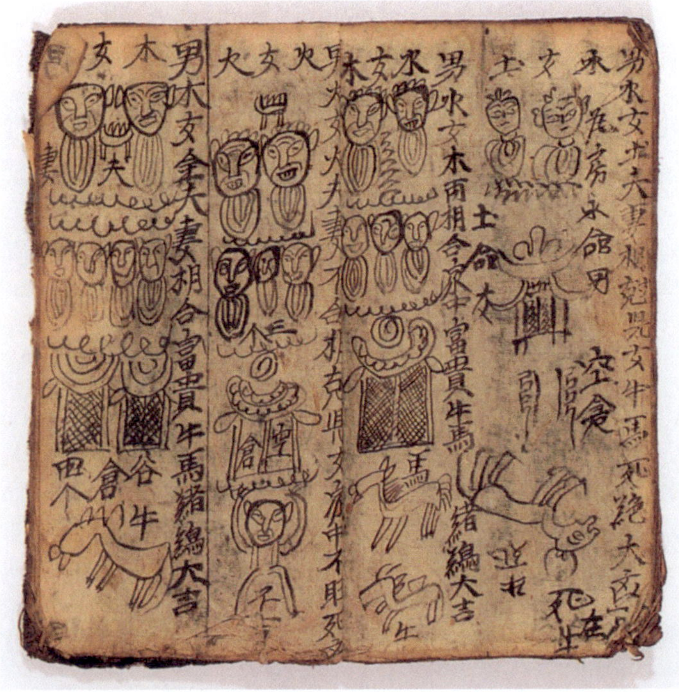

男木女金夫妻相合富貴牛馬豬鷄大吉
男水女木兩相合家中富貴牛馬豬鷄大吉

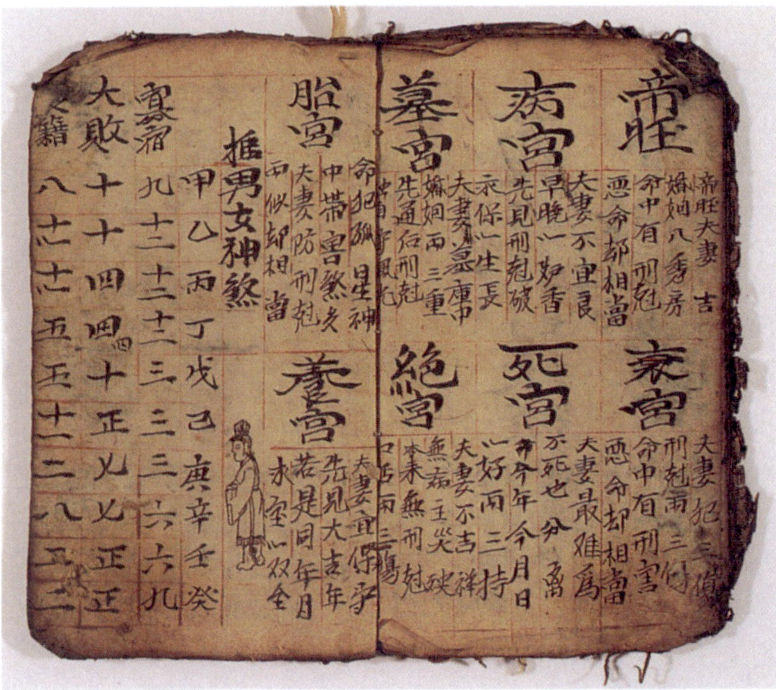

帝旺
病宮
墓宮
胎宮
衰宮
死宮
絶宮
養宮
推男女神煞
甲乙丙丁戊己庚辛壬癸

24 *Tangdai zhuoshen lingfu* 唐代捉神靈符 (Wirksamer Talisman der Tang-Zeit zur Ergreifung von Gottheiten); o.J. (vermutlich Mitte 20. Jh.); o.O.; Youmian; Tuchstück, 34x32 cm; Cod. sin. 359.

In der Mitte des Tuches befindet sich ein einem Geomantenkompaß nachempfundenes Diagramm. In die konzentrischen Ringe dieses Kompasses sind Trigramme, Himmelsrichtungen, astrologische Begriffe und Talismane eingetragen. Strahlenförmig davon ausgehende Linien teilen den äußeren Bereich in acht Abschnitte. Dort sind neben weiteren Talismanen springende Figuren mit den Paraphernalia eines *Shigong*-Priesters (Büffelhorn zum Herbeizitieren von Geistersoldaten aus dem Jenseits, Befehlsflagge militärischer Einheiten, Messer, Speer, Pfeil und Bogen) abgebildet. Durch den Namen Li des Tang-Herrscherhauses auf zwei Flaggen sollte wohl angedeutet werden, daß die als „Generäle, die Gottheiten und Geister ergreifen," gekennzeichneten Figuren aus jener Dynastie stammen. Innerhalb exorzistischer Rituale, etwa der Austreibung von Krankheitsgeistern, gebieten die *Shigong*-Priester über Hilfstruppen aus dem Jenseits, die übelwollende Gottheiten und Geister vernichten oder zum Verhör, zur Aburteilung und Bestrafung zum Altar bringen sollen. (LO)

25 *Mafeng miyu* 痲瘋秘語 (Geheime Anweisungen zur Beschwichtigung der Seelen von Lepra-Toten); *Guangxu* 15 (1889); o.O.; Besitzer Huang Jin Zhu 黃金囑; Jingmen; 13 Seiten; 25x18 cm; Cod. sin. 233.

Das *Mafeng miyu* enthält Anweisungen zu komplizierten Methoden für die Bekämpfung von Lepra-Dämonen. Passagen im Text zufolge werden die Seelen der Verstorbenen von den fünf Li-Dämonen in Form von „Lepra-Würmern" (*mafeng chong*) weiter belästigt, die der Ritualmeister im „übernatürlichen Feuer der Fünf Richtungen" verbrennen läßt.

Unter den Jingmen-Handschriften gibt es zur Bekämpfung der Lepra-Dämonen keine Liturgien (*ke*), sondern nur „Geheime Anweisungen" (*miyu*). In den liturgischen Texten der Youmian wird die Lepra nicht erwähnt, obwohl westliche Missionare in der zweiten Hälfte des 19. Jh. auch im von den Youmian dicht besiedelten Shiwan Dashan Gebiet in Guangxi Krankenhäuser für Leprakranke errichteten, und Lepra in Guangdong, Guangxi und Fujian epidemisch war. Am Textende (Abb.) ist eine Arznei aufgeführt, die aus Gallen verschiedener Tierarten, Kräutern, Hölzern und Mineralien bestehen soll. Die Bestandteile sind offenbar mehrheitlich lokalen Ursprungs. (SM)

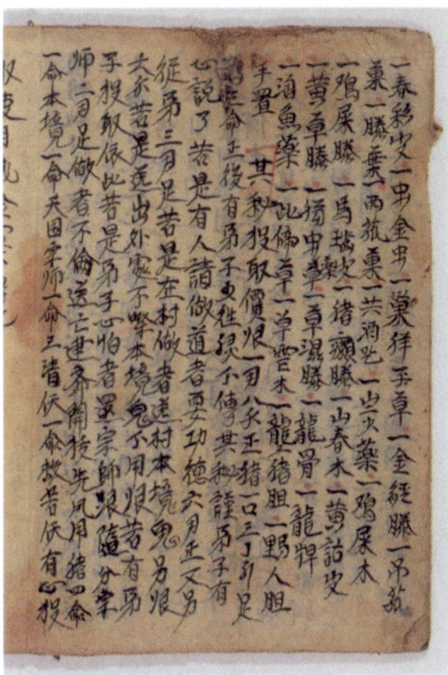

一春彩叟一虫金虫一菓拜手草一金絃藤一吊茄
秉一藤乘一两瓶秉一共酒光一山火藥一鴉屎木
一鴉屎藤一马猪叟一猪癞藤一山春木一黄詰叟
一黄草藤一猪虫草一草混藤一龍骨一龍牌
一酒魚藥一跳佛草一草雲木一龍猪胆一野人胆
手置 其秋报敢價狠一丑八千五猪一口三丁引足
謝某命王後有弟子更推狠不傳其秋謹弟子有
心說了若是有人請做道者要功德六月正又弟
徙弟三月足若是在村做者送村本境鬼另狠
大众若是送出外處不擎本境鬼不用狠若有弟
子报敢依此若是弟子心怕者罢宗師狠隨分掌
师二月足做者不論送亡建齐開接先风用猪四命
一命本境兒一命天田宰师一命王請伏一命救苦伏有心报

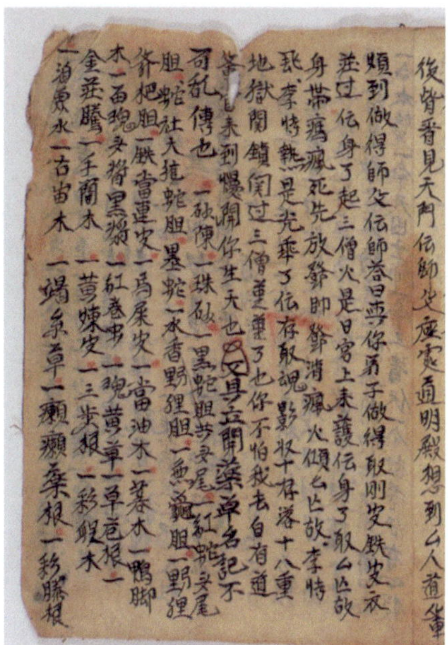

後皆香見天門伝師父座處通明殿想到山人道筆
頌到做得師父伝師答曰弗你弟子做得敢刚变跌变衣
並过伝身了起三僧火是日宫上来護伝身了敢山匠故
身带瘟瘋死先放發郎發消瘋火傾山匠故李特
琵李特熟是光垂了伝存敢魂影状十存落十八重
地獄閻鎖閔过三僧董董了也你不怕我去自有道
筝飞来到爆開你生天也又身立開藥草名記不
可乱傳也 一秋陳一珠砂一黑蛇胆并尾一紅蛇并尾
胆蛇壮大猪蛇胆墨蛇一水香野狸胆一魚鷂胆一野狸
斧把胆一麒當連叟一馬屎叟一當油木一茶木一鴨脚
木一面魂并將黑猴一紅卷虫一魂黄草一草苞根一
金並騰一手蘭木一黄煉叟一三步根一彩艘木
一洎泉水一古笛木 一竭系草一癩癩藥根一彩藤根

26 *Kanbing shu* 看病書 (Buch ärztlicher Diagnosestellung); Präfektur Menglong, Yongzhen (Vientiane, Laos), *Guihai*-Jahr (vermutlich 1923); Youmian; Besitzer Li You Si 李有思; 23 Seiten; 23x16,5 cm; Cod. sin. 167.

Die Handschrift enthält Texte zur ärztlichen Diagnosestellung mit Hilfe divinatorischer Mittel und, für den Fall des Versagens der ärztlichen Kunst, Passagen für Totenrituale. Die Befunde werden nach Jahr, Monat und Tag der Geburt des Erkrankten erhoben, für bestimmte Krankheitsbilder werden gefährliche Tage aufgelistet, und die Aussichten auf Genesung nach dem Verhalten von Besuchern prognostiziert. Den Körperteilen der abgebildeten Figuren werden einzelne zyklische Zeichen zugeordnet, die mit Zeitangaben und Himmelsrichtungen assoziiert sind. In den Begleittexten wird erklärt, aus welcher Richtung Gefahren oder Krankheiten drohen, wenn man zu bestimmten Zeiten geboren ist.

Sündenablaßtexte *sheshu* und Formulare für Rituale zur Zerschlagung der Hölle, zur Befreiung und Erlösung der Totenseelen werden im Namen der Exorzismusbehörde des Nördlichen Pols, der höchsten Instanz der Schule des „Himmelsherzens“ (*Tianxin*), ausgestellt; aber auch auf die beiden Schulen der Berge *Lüshan* und *Meishan* und den „Ahnmeister der Rechten Einheit“ (*Zhengyi zushi*) beruft man sich dabei. (LO)

27 *Chaodu shu* 超度書 (Buch zur Erlösung der Seelen); *Qianlong* 22 (1757); Guangxi; Besitzer Zhao Zhu Cheng 趙珠承 und Zhao Zhu Zhu 趙珠珠; Youmian; 28 Seiten; 23,5x20 cm; Cod. sin. 544.

Der Text gibt Anweisungen für Rituale, die die Seelen verstorbener Familienmitglieder erlösen und böse Geister fernhalten sollen. Er besteht aus drei Teilen: (1) Formulare, um den Jadekaiser um Vergebung aufgelisteter Sünden zu bitten; (2) Talismane, die Unheil verursachende Geister von den Seelen der Verstorbenen fernhalten sollen; (3) Angaben zu verschiedenen Verfahren von Priestern (u.a. zum Unsichtbarmachen beim Kampf gegen die Dämonen).

Die beiden gefiederten Wesen in der Mitte der linken Seite bilden zusammen einen Talisman, der den bösen Geistern den Zugang zu den Seelen der Verstorbenen verwehrt. Links daneben befinden sich zwei weitere Talismane zur Heilung von Kopf- und Bauchschmerzen. Sie kommen in anderen Exemplaren des *Chaodu shu* nicht vor.

Das Werk gehört zu den ältesten Exemplaren der Münchner Sammlung. Texte mit gleichem Titel sind bis ins 20. Jh. für die Youmian-Yao in Nordthailand belegt. (SM)

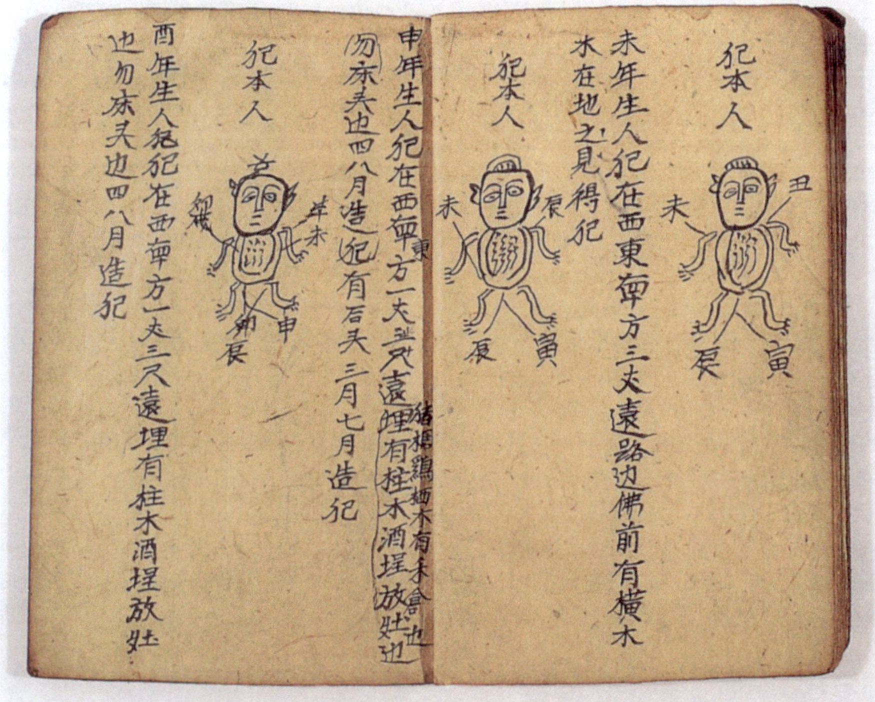

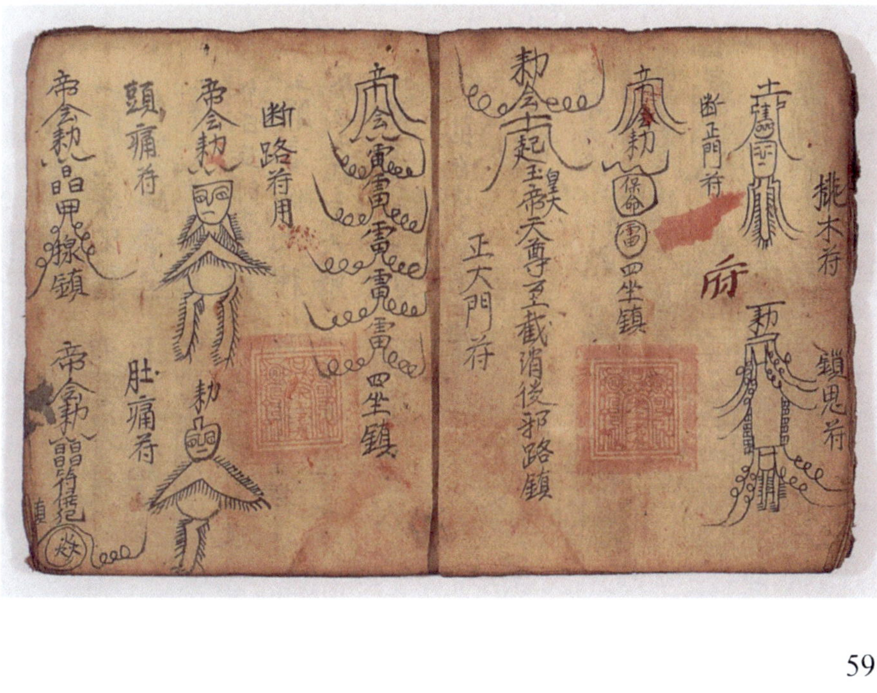

28 *Za mi jiuhuan fa* 雜秘救患法 (Verschiedene geheime Anweisungen und Methoden zur Befreiung von Krankheiten); *Daoguang* 13 (1833); Jingmen; Besitzer Deng Sheng Yan 鄧勝彦, späterer Besitzer Huang Xian En 黃顯恩; 26 Seiten; 26x19,5 cm; Cod. sin. 349.

Da Bücher bei den Yao eher Gebrauchsobjekte als heilige Gegenstände sind, können sie auch dazu benutzt werden, Notizen festzuhalten, die mit dem Inhalt in keinem Zusammenhang stehen. Häufig finden sich daher auf leeren Seiten am Ende oder Anfang eines Buches geschäftliche oder persönliche Niederschriften, die etwa Aussagen zu den Familienverhältnissen oder zu geschäftlichen Transaktionen enthalten, so zum Beispiel zum Verleih von Geld, Reis oder Opium. Solche Eintragungen sind in einem recht knappen Stil gehalten und nennen im allgemeinen ein genaues Datum und die Namen der beteiligten Personen; manchmal wird auch der Anlaß für den Eintrag – eine Hochzeit, ein bestimmtes Ritual oder eine Ordinationszeremonie – angegeben. Eine solche Notiz lautet dann etwa folgendermaßen: „Am 5. Tag des 6. Monats des *Guiyi*-Jahres (1833) lieh sich Deng Yun Lian anläßlich seiner Heirat exakt die Summe von 4 Silberbarren, 6 Kupfermünzen und 5 *fen* Kleingeld (Abb.). (XG)

29 *Fengma miyu* 瘋痲秘語 (Geheime Anweisungen zur Beschwichtigung der Seelen von Lepra-Toten); *Jiawu*-Jahr (1954); o.O. (Laos); Jingmen; Besitzer Li Yun Zhu 李雲珠; 21 Seiten; 23x16,5 cm, eingelegtes Blatt 27x19,5 cm; Cod. sin. 588.

Die Handschrift enthält ein lose eingelegtes Blatt, das in eindrucksvoller Weise die Verwicklung der Yao in den Indochinakrieg illustriert, in dem sie auf beiden Seiten kämpften. Es wurde etwa um 1970 in Umlauf gebracht, um der Bevölkerung die – wohl begründete – Angst vor den Regierungstruppen zu nehmen und sie von den kommunistischen Vietcong fernzuhalten. Der laotische Text lautet: „Großvater: ‚Oh weh! Habt Mitleid. Bitte, bitte tut einem alten Mann nichts! Ich habe solche Angst. Geht woanders hin.‘ Laotischer Soldat: ‚Grüßt euch! Großvater, warum hast du Angst vor uns? Wir kommen nicht, um euch zu quälen oder euch zu töten. Wir sind wirklich echte laotische Soldaten. Wir sind hier, um die Vietnamesen zurückzuschlagen, die uns Laoten terrorisieren.‘ Großmutter: ‚Oh Kinder! Ihr seid Soldaten der laotischen Nation, wirklich? Wir haben erst gedacht, ihr seid vietnamesische Soldaten, deshalb hatte Großvater große Angst vor euch. Jedesmal, wenn die vietnamesischen Soldaten kommen, tun sie uns Laoten nur Schlimmes an. Ich freue mich sehr, euch zu sehen, unsere laotischen Soldaten.‘“ (XG)

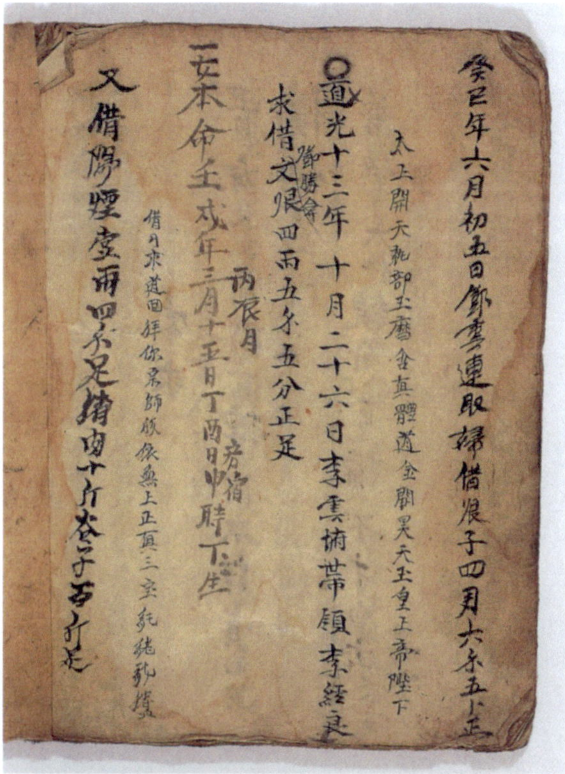
癸巳年六月初五日鄧秀連取婦借艮子四両六糸五卜正
太上開天執符玉曆金真體道金闕昊天玉皇上帝陛下
道光十三年十月二十六日李雲撫帶領李經表
求借文限四両五糸五分正足
鄧勝命
一生本命壬戌年三月十五日丁酉日申時下生
丙辰月
房宿
又借陽煙壹兩四糸足猪肉十斤答子五斤足

30 Ohne Titel (Text zum Ablegen von Gelübden *huanyuan* 還願); o.J.; o.O.; Youmian; 6 Seiten; 20x16,5 cm; beiliegendes Blatt 22,5x24 cm; Cod. sin. 554.

Das Einzelblatt war einer Schrift beigelegt, die sich mit dem Ablegen von Gelübden befaßt. Darin wird der Wunsch geäußert, daß das Getreide gedeihen, die Familie reich und gesund, und der Viehbestand größer werden solle. Tritt all dies ein, wird ein Dankfest mit 36 Liedern (d.h. den *Panwang*-Liedern; vgl. Kat. 12) veranstaltet. Der Duktus des beiliegenden Blattes weicht von dem des Buches ab.

Es handelt sich um ein unvollständiges Memorandum *Kailu ying* (wörtlich: Bitte um die „Freigabe der Wege"), in dem die Gottheiten gebeten werden, der Seele des Verstorbenen eine ungehinderte Weiterreise zur „Grotte der Pfirsichquellen" (*Taoyuan dong*) zu gewähren; dort sollten die Seelen der Toten auf die Wiedergeburt warten. Das Gesuch hat ein Youmian-Yao, der mit seiner Familie in der „Provinz Yongzhen des Staates Laos des Großen Französischen Reiches" (Vientiane, Laos) lebte, für seine Mutter ausgestellt.

Es folgt im wesentlichen den Standardformulierungen in den Yao-Formularen, in die lediglich Ortsnamen, Personennamen, Geburts- und Todesdatum sowie das Lebensjahr eingefügt werden müssen, bevor sie durch Verbrennen in die Welt der Gottheiten geschickt werden. (SM)

31 Ohne Titel (identifiziert als *Chaodu shu* 超度書, Buch zur Erlösung der Seelen); *Qianlong*-Periode (1736-1797); Yunnan; Youmian; 25 Seiten; 23x14,5 cm; Cod. sin 525.

Das Buch trägt keinen Titel, kann aber aufgrund eines ähnlichen Aufbaus und Inhalts wie Kat. 27 als Text zur Erlösung der Seelen identifiziert werden.

Es enthält unter anderem das Formular (Abb.) für eine Petition, die im Zusammenhang mit einem Erlösungsritual gebraucht wurde. Daraus geht hervor, daß die Ankündigung des Rituals zusammen mit Papiergeld über einen Geisteroffizier an den Jadekaiser weitergeleitet worden sei, um für die verstorbenen Angehörigen die „Genehmigung zur Freigabe des Weges" (vgl. Kat. 30) zu erhalten.

Der Zeitangabe zufolge wurde der Text entweder während der *Qianlong*-Zeit abgeschrieben oder von einer Vorlage kopiert, die aus dieser Zeit stammt. Formulare in einem Ritualtext enthalten oft die einzigen Zeit- und Ortsangaben, die Aufschlüsse zur Chronologie und Verbreitung der Yao-Schriften geben. (SM)

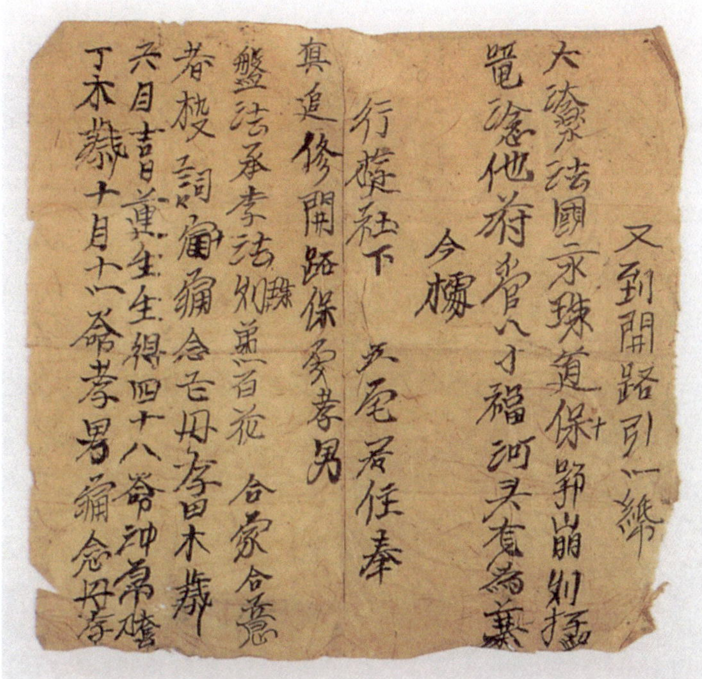
又到開路引一紙
大滄法國永珠道保十郎崩則揺
罨滄他府省八寸福河兲查為葉
今據
行從社下 太尼君任奉
真追修開路保愛孝男
盤法承孝法知萬百花 合家合意
春枚詞當痛念亡母孝曰木歲
六月吉日蓮生生得四十八歲冲帛嗑
丁未歲十月十一命孝男痛念母孝

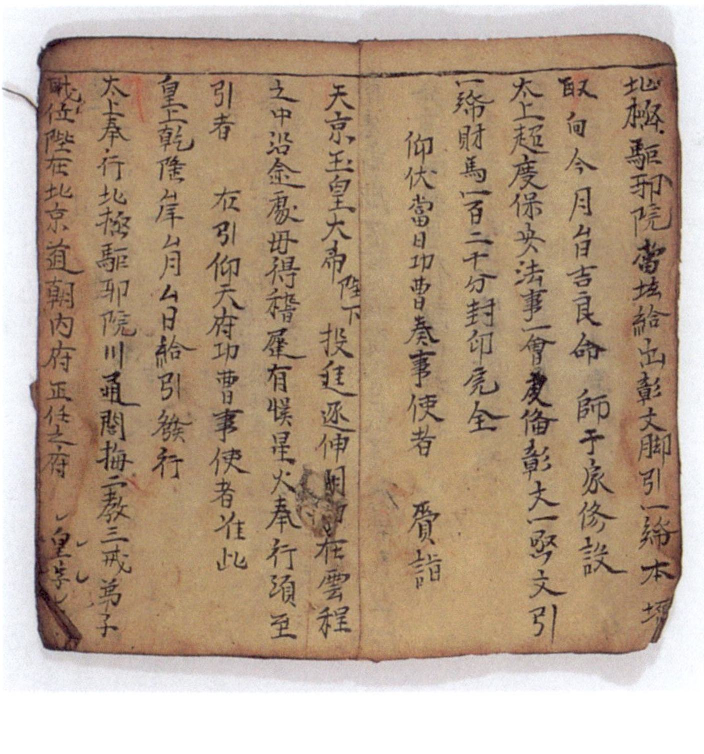
北極驅邪院 當壇給出彰文脚引一紙本壇
取向今月台吉良命 師于家修設
太上超度保安法事一會度備彰文一張文引
一綵財馬一百二十分封印完全
仰伏當日功曹奏事使者 賚詣
天京玉皇大帝陛下 投進逐伸開在雲程
之中沿途處毋得稽遲有悞星火奉行須至
引者 右引仰天府功曹事使者准此
皇上乾隆年月日給引發行
太上奉行北極驅邪院川通閣梅二教三戒弟子
職位陞在北京道朝內府正任之府
皇字

32 *Lijia zongzhi tu* 李家宗枝圖 (Ahnen der Familie Li); *Daoguang* 8 (1828); o.O. Jingmen; Verfasser Li Ying Zhen 李應珍, spätere Besitzer Li Xuan Zhen 李玄珍, Deng Yuan Zhao 鄧院照; 2 Seiten; 24,5x20 cm; Cod. sin. 605.

Die beiden Blätter dieser Genealogie wurden an eine andere Handschrift mit dem Titel *Chuanguang shi gong ke* („10 Opferrituale des Flußglanzes"), Besitzer Deng Yuan Zhao, datiert zwischen 1858 und 1907, angeheftet und zwar entgegen ihrer ursprünglichen Bindung. Die Ahnenreihe wurde in mehreren einzelnen Textblöcken niedergelegt, die jeweils durch einen gemeinsamen Namen miteinander verbunden sind. Linien markieren jeweils die Nachkommen einer Person. Verzeichnet sind über dreizehn Generationen hinweg ausschließlich die männlichen Mitglieder der Familie Li. Anhand verschiedener Notizen in der Handschrift läßt sich der „Stammbaum" um zwei weitere Generationen verlängern.

Jeder eingetragene Name besteht aus drei chinesischen Zeichen: Das erste benennt den Clan, hier Li; das letzte ist ein frei gewählter persönlicher Namensbestandteil mit einer positiven Bedeutung wie „kostbar" (*zhen*) oder „hell" (*ming*). Das mittlere Element ist eines von fünf zyklisch wechselnden Zeichen, das die Generation des Trägers angibt. Es besteht aus einem Ritualzeichen, das jeder Jingmen-Mann bei seiner *Shigong* oder *Daogong*-Ordination erhält. Bis auf die beiden ersten aufgeführten Namen, die wahrscheinlich mythischen Vorfahren zuzuordnen sind, und zwei Eintragungen der 10. Generation aus einem vom Schreiber relativ entfernten Familienzweig (Diagramm, blau markiert), können also alle verzeichneten Personen durch ihren mittleren Namensbestandteil eindeutig einer bestimmten Generation zugeordnet werden. Als Ritualzeichen einer *Shigong*-Ordination finden sich *Sheng*, *Yuan*, *Ying*, *Xian* und *Fa*; ihnen beigeordnet als Ritualzeichen einer *Daogong*-Ordination *Yun*, *Miao*, *Jing*, *Xuan* und *Dao*. Dieses Schema wird über einen recht langen Zeitraum und bis auf die erwähnten Ausnahmen bei allen Zweigen der Familie aufrechterhalten. Der Stammbaum endet mit der 13. Generation, der der Schreiber Li Ying Zhen angehört (Diagramm, rot markiert). (XG)

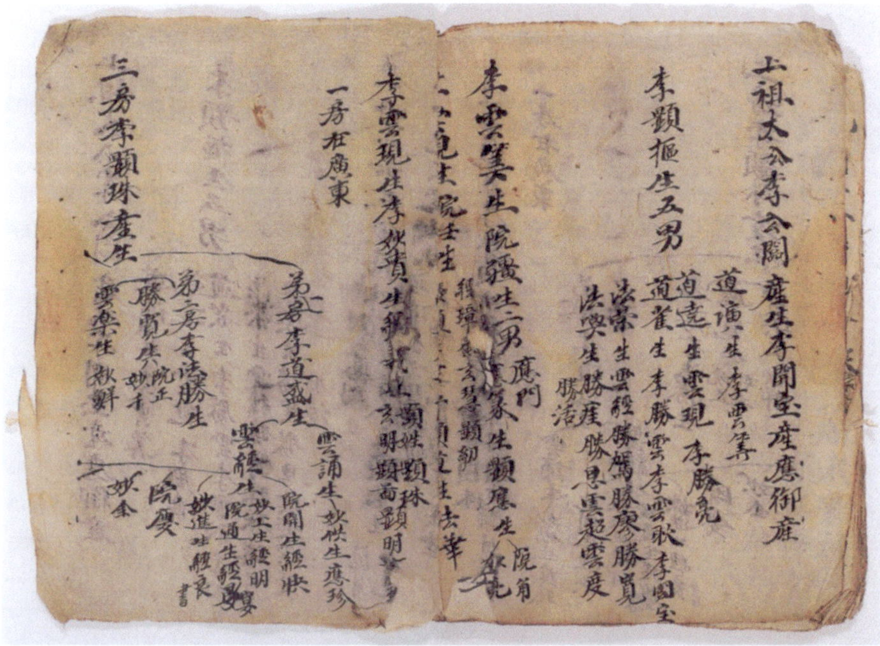

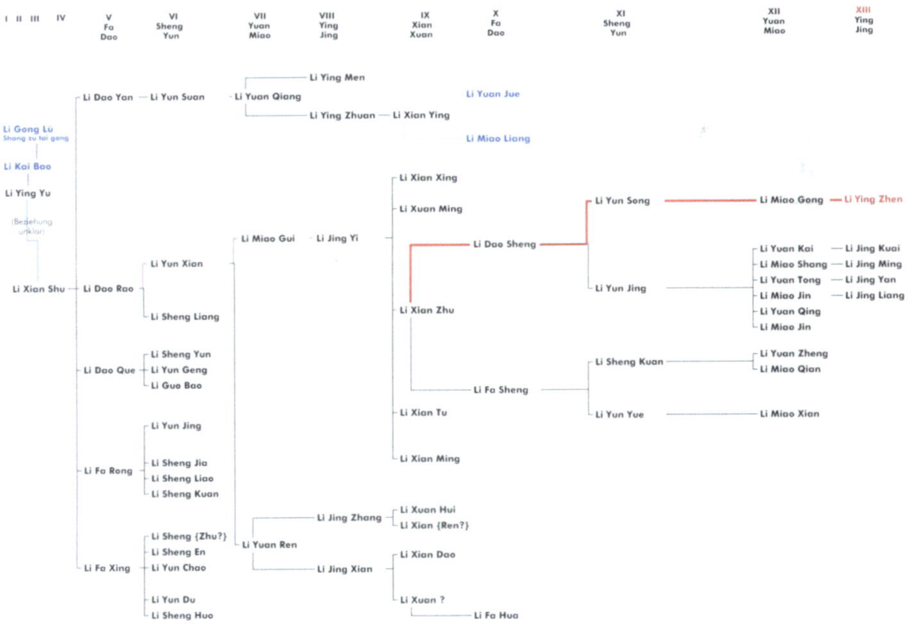

I II III IV
V Fa Dao
VI Sheng Yun
VII Yuan Miao
VIII Ying Jing
IX Xian Xuan
X Fa Dao
XI Sheng Yun
XII Yuan Miao
XIII Ying Jing
Li Gong Lu
Shang zu tai gong
Li Kai Bao
Li Ying Yu
(Beziehung unklar)
Li Xian Shu
Li Dao Yan
Li Yun Suan
Li Yuan Qiang
Li Ying Men
Li Ying Zhuan
Li Xian Ying
Li Yuan Jue
Li Miao Liang
Li Dao Rao
Li Yun Xian
Li Sheng Liang
Li Miao Gui
Li Jing Yi
Li Xian Xing
Li Xuan Ming
Li Xian Zhu
Li Xian Tu
Li Xian Ming
Li Dao Sheng
Li Fa Sheng
Li Yun Song
Li Yun Jing
Li Sheng Kuan
Li Yun Yue
Li Miao Gong
Li Ying Zhen
Li Yuan Kai
Li Miao Shang
Li Yuan Tong
Li Miao Jin
Li Yuan Qing
Li Miao Jin
Li Jing Kuai
Li Jing Ming
Li Jing Yan
Li Jing Liang
Li Yuan Zheng
Li Miao Qian
Li Miao Xian
Li Dao Que
Li Sheng Yun
Li Yun Geng
Li Guo Bao
Li Fa Rong
Li Yun Jing
Li Sheng Jia
Li Sheng Liao
Li Sheng Kuan
Li Fa Xing
Li Sheng {Zhu?}
Li Sheng En
Li Yun Chao
Li Yun Du
Li Sheng Huo
Li Yuan Ren
Li Jing Zhang
Li Jing Xian
Li Xuan Hui
Li Xian {Ren?}
Li Xian Dao
Li Xuan ?
Li Fa Hua

33 *Taishang laojun honglou miyu* 太上老君紅樓秘語 (Geheime Anweisungen für die Methoden des Allerhöchsten Fürsten Lao und zum Fest des Roten Turms); *Daoguang* 1 (1820); o.O.; Jingmen; Besitzer Deng Yuan Zhao 鄧院照; 50 Seiten; 24,5x15 cm; Cod. sin. 769.

In einer vom Text (vgl. Kat. 6) unabhängigen Liste werden die Rituale aufgezählt, die der Besitzer des Buches bislang durchgeführt hat. Dabei geht es vor allem um die Teilnahme an *yujing*-Totenritualen, an Ritualen zur Lebensverlängerung (*yansheng*) und an großen Banketten zu Ehren von Gottheiten (*gongyan*). Bei den beiden ersten handelt es sich um *Daogong*-Rituale, beim letzten um ein *Shigong*-Ritual. Jingmen-Männer werden oft in beiden Priester-Traditionen ordiniert, so daß sie sowohl *Daogong*- als auch *Shigong*-Rituale durchführen können.

Listen dieser Art sind vergleichsweise selten und finden sich nur in „Geheimen Anweisungen" (*miyu*) bei Priestern der Jingmen-Yao. Vergleiche mehrerer solcher Listen ergeben, daß *honglou* bzw. *gongyan* die häufigsten *Shigong*-Rituale, *yansheng* das häufigste *Daogong*-Ritual war. (SM)

34 *Zhu za baijie miyu* 諸雜百解秘語 (Verschiedene Geheime Anweisungen zur Erlösung der Toten); Datum nicht mehr lesbar (vermutlich 19. Jh.); o.O.; Jingmen; Besitzer: Jiang Xuan Cheng 蔣玄程, Schreiber Li Zhao Zong 李朝宗; 30 Seiten; 24,7x20,8 cm; Cod. sin. 653.

Der Text gehört zu den „Geheimen Anweisungen" und beinhaltet Vorschriften zum Ablauf des Totenrituals.

Obwohl Yao-Bücher oft einen beträchtlichen Umfang haben können, sind Inhaltsverzeichnisse selten. Dieser Band listet in zwei übereinanderstehenden Reihen die beschriebenen Ritualanweisungen (*fa*) auf. Sie sollen dem Verstorbenen den Eingang ins Jenseits ermöglichen und damit auch für die Lebenden die Trennung erleichtern und die durch den Tod entstandenen schädlichen Einflüsse neutralisieren. (XG)

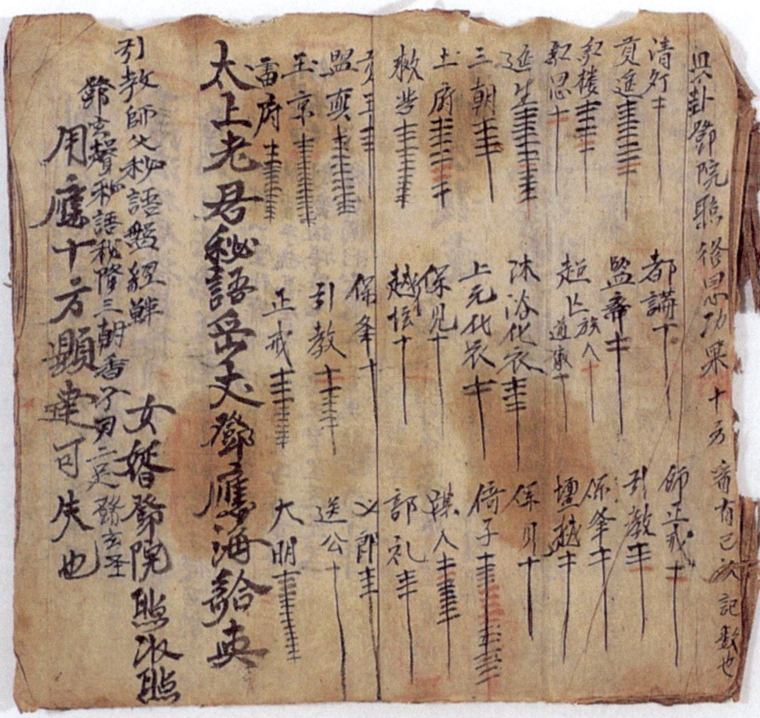

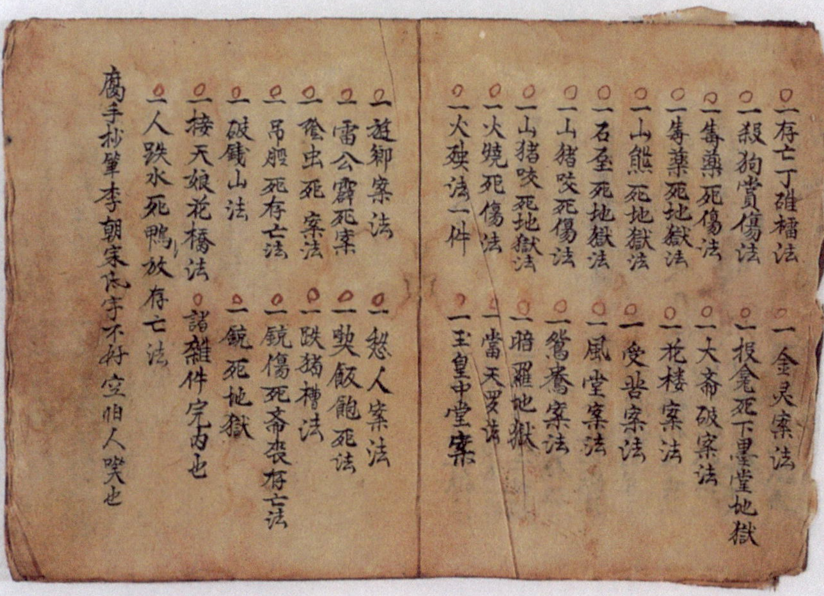

一存亡丁雄幡法
一金灵案法
一殺狗賞傷法
一根龕死下畳堂地獄
一毒藥死傷法
一大斋破案法
一毒藥死地獄法
一花楼案法
一山熊死地獄法
一受昔案法
一石壓死地獄法
一風堂案法
一山猪咬死傷法
一鶯鶩案法
一山猪咬死地獄法
一䧺羅地獄
一火燒死傷法
一當天罗法
一火殃法一件
一玉皇中堂案

一遊鄉案法
一怒人案法
一雷公霹死案
一喫飯飽死法
一陰虫死案法
一跌猪槽法
一吊腳死存亡法
一銃傷死斋喪存亡法
一破錢山法
一銃死地獄
一接天娘花橋法
諸雜件完了也
一人跌水死鴨放存亡法

廣手抄筆李朝宗字不好空怕人笑也

35 Ohne Titel (*Xielong anmu fashi* 謝龍安墓法事, Text für ein Ritual des Dankes an die Erddrachen und zur Befriedung des Grabes); Qing-Zeit (vermutlich 19. Jh.); Guangxi; vermutlich Youmian; im Besitz der Familien Deng 鄧 und Zhao 趙; 20 Seiten; 24,5x18 cm; Cod. sin. 509.

Die Handschrift enthält Formulare, Beschwörungsformeln und kurze Textabschnitte, die sich mit der Befriedung eines Grabes, der Besänftigung der durch Grabungsarbeiten verletzten Erddrachen und der Erlösung von Totenseelen befassen. Zwar beruft man sich, wie in den meisten *Lüshan*-Texten, auf die *Tianxin*-Exorzismusbehörde, doch manifestiert sich hier ein ungewöhnlich starker buddhistischer Einfluß. Eine Widmung nennt als Anlaß dieses Rituals das Unglück, das die Familien Deng und Zhao jahrelang verfolgt habe. Es sei durch Divination auf Erdarbeiten an der Begräbnisstätte eines Vorfahren zurückgeführt worden, der, in seiner letzten Ruhe gestört, Mißgeschick über sie gesandt habe. Daraufhin mußte erneut ein Totenritual durchgeführt werden, bei dem buddhistische Sutren rezitiert, Opfer dargebracht und das Grab unter Beachtung geomantischer Aspekte neu angelegt wurde, so daß den Nachkommen nunmehr Glück beschieden sei. (LO)

36 *Jiaojian poyu ke* 交簡破獄科 (Liturgie zur Zerschlagung der Hölle); *Jimao*-Jahr (vermutlich 1879 oder 1819); o.O.; Jingmen; Besitzer Li Xuan Ji 李玄機; 10 Seiten; 27x23 cm, chinesische Glossen; Cod. sin. 250.

Der Text des *zhai*-Totenrituals zur Erlösung der Seelen aus der Hölle beruft sich auf die Schule der „Numinosen Kostbarkeit" (*Lingbao*) und nimmt Bezug auf die „Drei Grotten" (*Sandong*), die großen Abteilungen des Daoistischen Kanons. Als mächtiger Helfer aber wird immer wieder der Ahnherr der Lehre, *Zhang tianshi* vom Drachen-Tiger-Berg, Begründer der Schule der „Rechten Einheit" (*Zhengyi*), angerufen. *Daogong*-Priester und Auftraggeber des Rituals opfern Blumen, Tee, Alkohol und Weihrauch, um die Anwesenheit der Gottheiten und Lehrmeister bei der Errichtung des Altars, der Zerschlagung der Hölle und der Befreiung der Seelen zu erbitten. Eine aus Bambus und Papier gefertigte Höllenstadt *Fengdu* wird schließlich zerstört und Sündenablaß durch das Rezitieren von Litaneien erfleht. Unter dem Beistand der göttlichen Helfer und von Seelengeleitknaben, die den Toten mit Lampen den Weg aus der ewigen Nacht der neun Unterwelten weisen, werden sie schließlich erlöst und steigen in den Himmel auf. (LO)

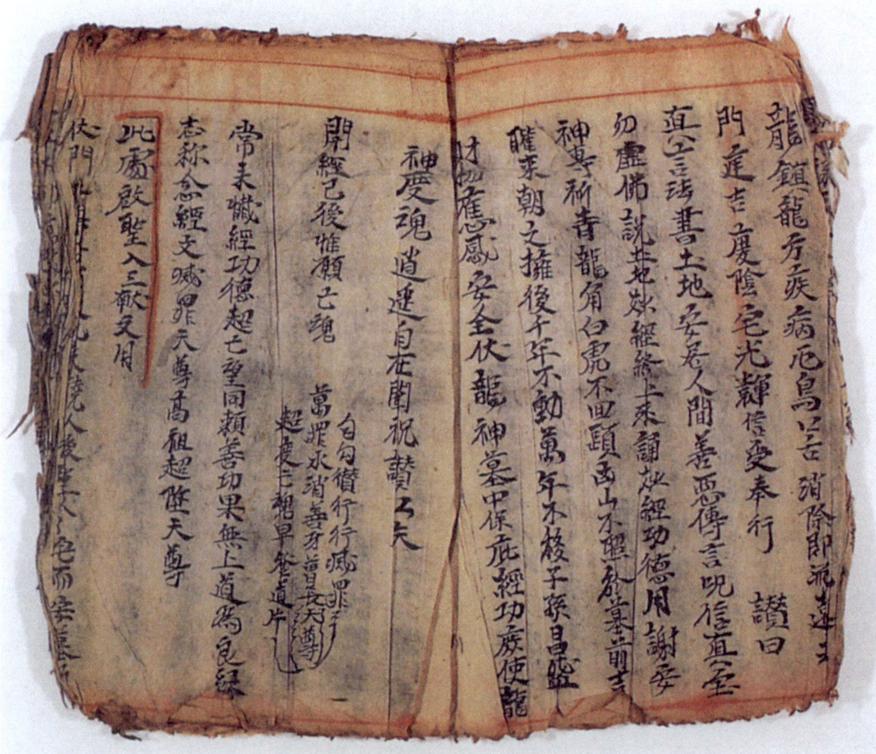

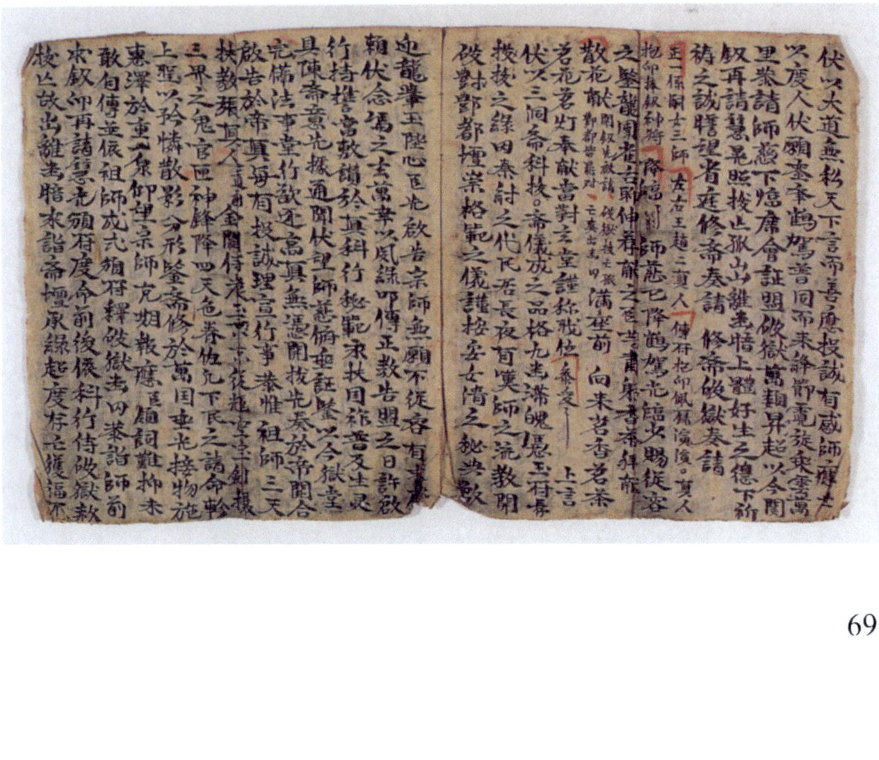

37 Unbetitelter Text für ein Lampenritual; *Daoguang* 8-10 (1828-30); o.O.; Jingmen; Besitzer Deng Yun Huang 鄧雲晃, Schreiber namens Pan 盤 aus Yuexi 粵西, Guangxi; 93 Seiten; 25,8x20,5 cm; Cod. sin. 632.

Der ausführende *Daogong*-Priester bezeichnet sich zwar selbst als Anhänger der „Himmelsmeister" (*Tianshi*), doch werden zum Ritual auch Lehrmeister anderer Schulen, *Lingbao*, *Shenxiao*, *Qingwei* und *Tianxin*, eingeladen. Ein Text des Daoistischen Kanons zu einem „Lampenritual der siebzehn Gnadenleuchten des Jadekaisers" (*Yuhuang shiqi ciguang dengyi*), das abgehalten wurde, um ein Gelübde abzulegen oder einzulösen, gibt Aufschluß über die Funktion der *Yuhuang*-Lampen (Abb.). Vor dem Altar des Jadekaisers angezündet, symbolisieren sie jeweils die Wünsche der Gläubigen, etwa die Erlangung von Gelassenheit, Profit oder Wissen, beziehungsweise die Fähigkeit, Demütigungen zu ertragen oder sich von Behinderungen freizumachen. Im Gegensatz dazu kann der Yao-Text jedoch auch für ein *zhai* der Kategorie *mengzhen*- oder *yujing* (vgl. Kat. 51) zur Erlösung von Lebenden und Toten verwendet werden. Große Teile sind Hymnen über das „Erschreiten der Leere" sowie der Befreiung der Seelen aus der Hölle gewidmet. Dazu müssen kanonische Schriften wie *Duren jing*, *Yuhuang jing*, *Yushu jing* (vgl. Kat. 52), aber auch buddhistische Sutren rezitiert werden. (LO)

38 *Wushang dazhai suqi ke* 無上大齋宿啟科 (Liturgie zur Ankündigung eines unübertrefflichen großen *Zhai*); Qing-Zeit (vermutlich Mitte 19. Jh.); o.O.; Jingmen; Besitzer Deng Yuan Zhao 鄧院昭; Schreiber Meng Tian Zhao 蒙天照; 54 Seiten, neu gebunden; 26x21,5 cm; Cod. sin. 852.

Unter Berufung auf die Schule der Rechten Einheit und den Begründer der Lehre der Jadehalle (*Yutang jiaozhu*) kündigt der ausführende *Daogong*-Priester die Errichtung eines Altars für ein *zhai*-Ritual der „Drei Grotten" (*Sandong zhaike*) an. Solche Ankündigungen finden meist am Vorabend des eigentlichen Rituals statt. Klassische chinesische *zhai* sind traditionell in „goldene" (zum Wohle des Kaiserhauses), „jadene" (zum Wohle des Volkes) und „gelbe Register" (zur Erlösung der Totenseelen) eingeteilt. Hier handelt es sich ausdrücklich um ein Ritual des „gelben Registers" (*huanglu*). Es soll der Erlösung aller Menschen und Totenseelen dienen, aber darüber hinaus auch Frieden in der Familie des Auftraggebers und im ganzen Land gewährleisten. Es wird den Meistern verschiedener Schulen und den Gottheiten aller Himmel einzeln angekündigt. Sie werden zur Teilnahme eingeladen und gebeten, ihr Bündnis mit dem Priester zu erneuern. (LO)

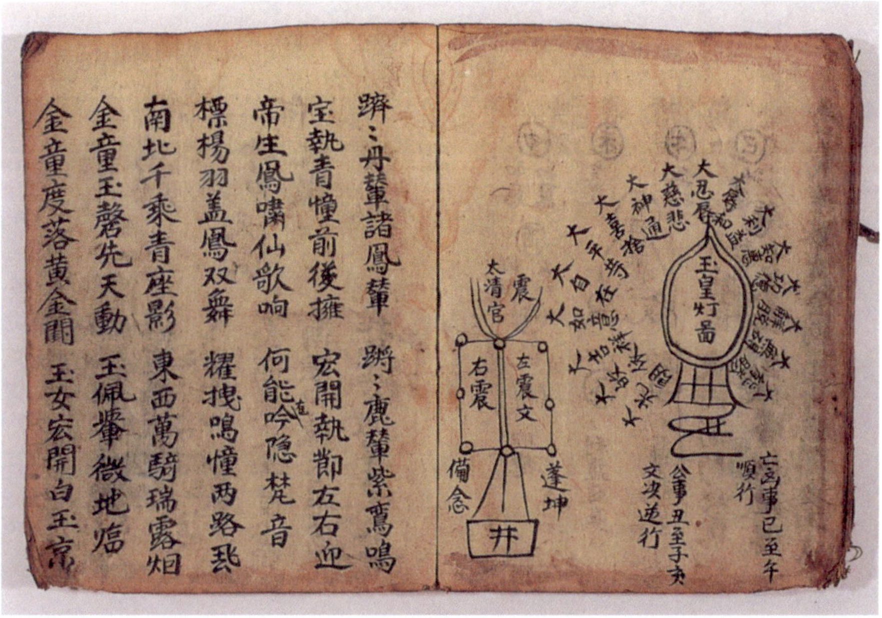

躋〻丹輦諸鳳輦　跗〻麃輦紫鸞鳴
宝執青幢前後擁　宏開執節左右迎
帝生鳳嘯仙歌响　何能吟隐梵音
標楊羽蓋鳳双舞　耀拽鳴幢两路丞
南北千乘青座影　東西萬騎瑞露炟
金童玉磬先天動　玉佩擎微地焻
金童度落黃金闕　玉女宏開白玉京

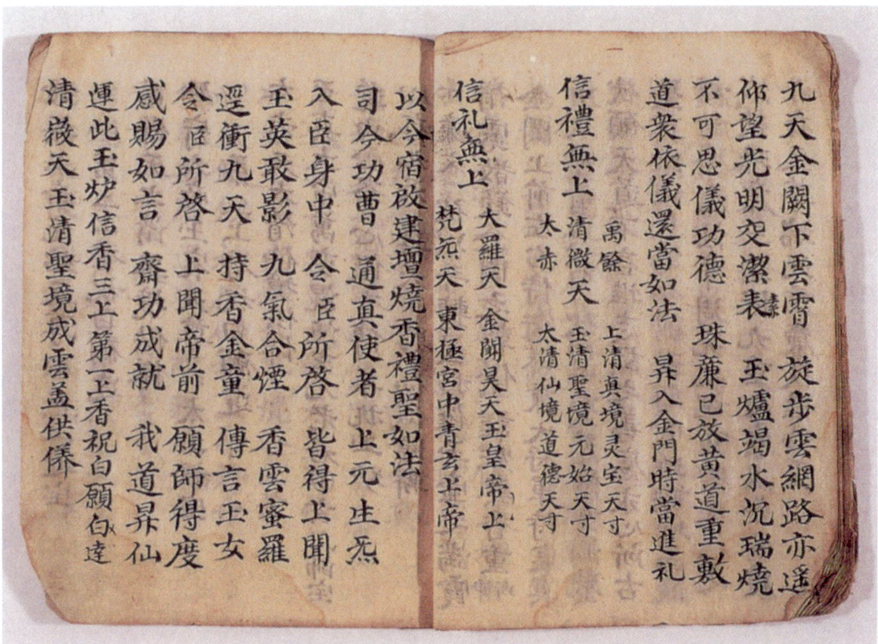
九天金闕下雲霄　旋步雲網路亦遥
仰望光明交潔表　玉爐竭水沉瑞燒
不可思儀功德　珠簾已放黃道重敷
道衆依儀還當如法　昇入金門時當進礼
信禮無上　清微天　禹餘　太赤
上清真境灵宝天寸
玉清聖境元始天寸
太清仙境道德天寸
信礼無上　大羅天　金闕昊天玉皇帝上
梵炁天　東極宮中青玄上帝
以今宿啟建壇燒香禮聖如法
司今功曹　通真使者　上元生炁
入臣身中　令臣所啓　皆得上聞
玉英取影　九氣合煙　香雲密羅
遷衝九天　持香金童　傳言玉女
令臣所啓　上聞帝前　願師得度
感賜如言　齋功成就　我道昇仙
運此玉炉信香三上第一上香祝白願白達
清微天玉清聖境成雲盖供係

39 Tuch mit Begräbnisritualszene; o.J. (ca. Mitte 20. Jh.); o.O.; Illustrator von Kat. 24 und 49; Youmian; 46x44 cm; Cod. sin. 358.

In der oberen Hälfte des Tuches ist eine Begräbnisszene dargestellt. Von rechts kommt ein Trauerzug ins Bild: voran die männlichen Verwandten des Verstorbenen, die den Sarg tragen, gefolgt von daoistischen Priestern in langen Roben, mit Priesterkronen, Büffelhorn und Glocke. Dahinter schreiten zwei Gehilfen. Der Sarg ist mit kleinen Papierfahnen bedeckt, die als Talismane gegen die Gefahren fungieren, die den Hinterbliebenen wie auch den Seelen des Toten drohen. In den Totenritualen der Youmian wird deshalb große Sorgfalt auf die Instruktion dieser Seelen verwendet: eine wird ins Grab geschickt, eine ins Reich der Ahnen in Yangzhou, eine zurück ins Haus.

Die Figuren oben links halten Flaggen, mit deren Hilfe die Priester ihre Hilfstruppen aus dem Jenseits befehligen. Aber auch jeder andere männliche Angehörige der Youmian erhält bei seiner Ordination das Kommando über eine gewisse Anzahl solcher Geistersoldaten, die ihn zeitlebens beschützen und über den Tod hinaus begleiten.

Im Zentrum des Tuchs wird der offene Sarg mit dem Verstorbenen gezeigt; drei Fackelträger sind gerade dabei, ihn anzuzünden. Die Youmian führen Feuerbestattungen vor allem für Menschen durch, die eines unnatürlichen Todes gestorben sind. Der zugehörige Text gibt an, daß der Sarg an allen vier Ecken und von oben angezündet werden müsse. Am folgenden Tag kommen die männlichen Angehörigen zur Verbrennungsstätte zurück und füllen die Knochenreste in Urnen, die anschließend vergraben werden.

Zwei Drachen teilen das Tuch in zwei Sphären. Die Schriftfelder darüber markieren den Kosmos: rechts die fünf Richtungen der irdischen Welt, links der Zentralhimmel mit dem Sternbild des Großen Wagens (*beidou*). Die auf dem Kopf stehenden Abbildungen der unteren Hälfte zeigen stereotype Figuren in springender Pose. Die dazwischen plazierten Schriftfelder benennen die Gestirne des Großen *yin*, den Zentralpalast der Sonne und der Sterne, *beidou* und seine fiktiven Gegenstücke im Süden und Osten der Himmelsregion. Talismane enthalten die Beschriftungen „Kaiserlicher Befehl“, „Jadekaiser“ und „göttliche Gerechtigkeit“. (LO)

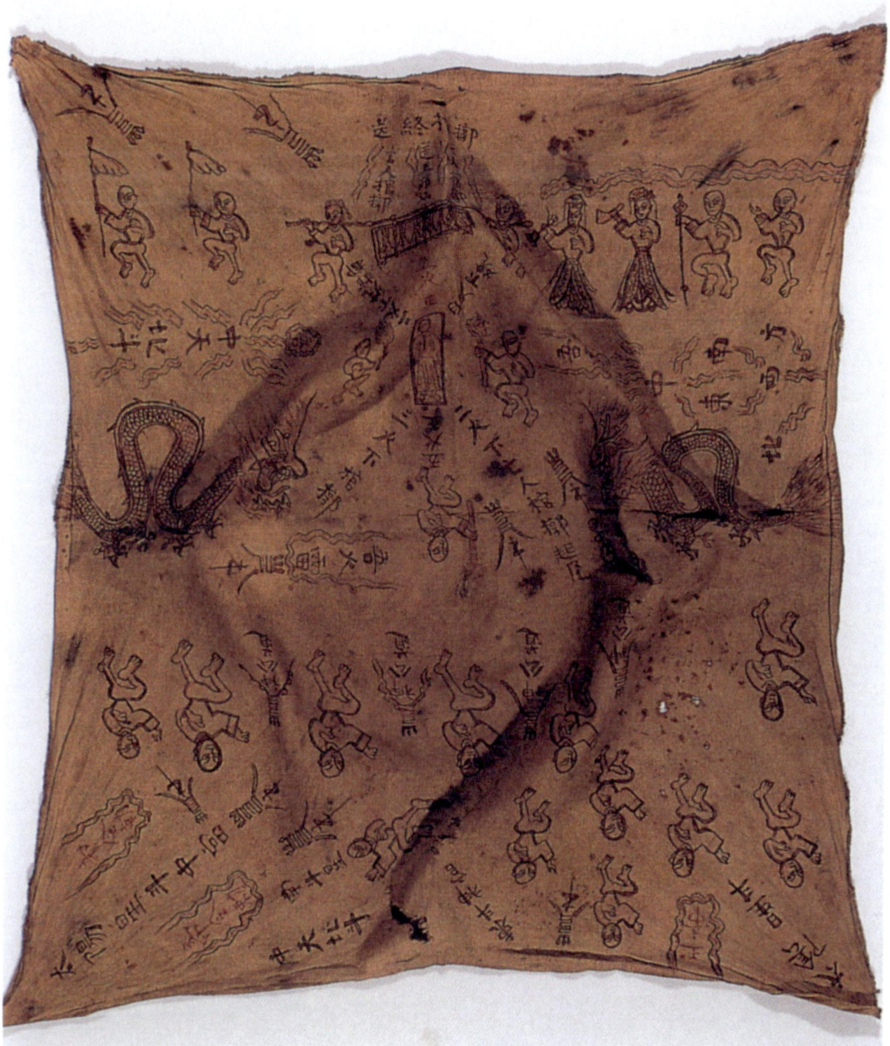

40 *Zhaobing ke* 招兵科 (Liturgie zum Herbeirufen von Soldaten); *Daoguang* 17 (1837); o.O.; Besitzer Li Miao Fu 李妙福; Jingmen; 71 Seiten; 25,5x19,5 cm; Cod. sin. 631.

Der Text aus siebensilbigen Versen gibt Anweisungen zur Einladung von Gottheiten, die am Erntedankfest oder einer *Shigong*-Ordination der Jingmen teilnehmen sollen. Dabei werden die Herkunft und die Zuständigkeit der Geladenen jeweils kurz geschildert. Schriften mit gleichem Titel aber abweichendem Inhalt sind auch für Han-Chinesen sowie einige andere ethnische Gruppen in Südchina belegt, wobei im allgemeinen eine Verwurzelung in alten *nuo*-Spielen zur Vertreibung von Dämonen angenommen wird.

Das *Zhaobing ke* der Jingmen-Yao wird häufig auf einem drei bis fünf Tage langen Erntedankfest als Teil eines Programms gesungen, bei dem auch Männer in Masken auftreten, die die jeweiligen Gottheiten darstellen sollen. Im Zentrum steht die Einladung der *wushang* (Abb.). Diese fünf Gottheiten reinigen den Ritualplatz und vertreiben Dämonen. Die rituelle Reinigung wird mit Hilfe des Blutes vollzogen, das man durch die Tötung von fünf Hähnen erhält. (SM)

41 *Xinji shouxie kaijie tong ke* 新集授械開解仝科 (Liturgie zur Ablegung der Gelübde und zur Aufhebung des Fastens und der Enthaltsamkeit); *Qianlong* 15 (1750); Lingyun 凌雲, Guangxi; Besitzer Li Xuan Zhang 李玄璋; Jingmen; 30 Seiten; 25,5 x 24,5 cm; Cod. sin. 641.

Im ersten Abschnitt des Textes *Shouxie ke* bzw. *Shoujie ke* (Liturgie zur Ablegung der Gelübde) bekundet der Hauptritualmeister gegenüber den Gottheiten die Absicht, eine Ordination durchzuführen, und bittet sie um die Segnung der Ordinanden. Es folgt die Beschreibung einer *kaijie*-Zeremonie zur Beendigung des Fastens und der Enthaltsamkeit, somit die Aufforderung an die nunmehr Ordinierten (*xin'en*), mit Hilfe der zugeteilten Geistergeneräle und -soldaten das Gesetz des *Dao* in der Welt zu verbreiten. Der dritte Abschnitt, die „Liturgie des Frühlings" (*Xinchun ke*), spricht wohl die wachstumsfördernde Symbolik dieser Jahreszeit an. Der Ritualmeister erbittet zum Schluß Frieden und Glück in der Familie und eine gute Ernte. Zahlreiche Einzelheiten der Rituale weisen auf einen starken Einfluß des *Quanzhen*-Daoismus hin.

Die Schrift ist eine der frühesten Versionen dieser Ordinationsliturgie in der Münchner Sammlung. Den in den Memoranden aufgeführten Ortsangaben zufolge waren Texte dieser Art von Yunnan und Guangxi bis nach Laos und Vietnam verbreitet. (SM)

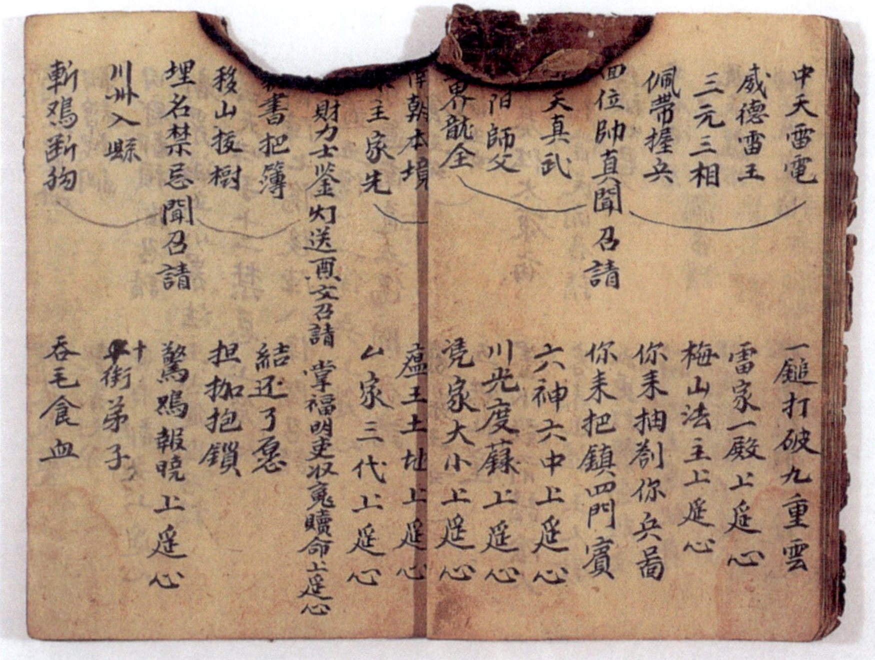
中天雷電 一鎚打破九重雲
威德雷王 雷家一殿上筵心
三元三相 梅山法主上筵心
佩帶提兵 你来抽劄你兵高
四位帥真聞召請 你来把鎮四門賓
天真武 六神六中上筵心
伯師父 川光度蘇上筵心
界龍全 堯家大小上筵心
淨蔡本壇 盧王土地上筵心
主家先 山家三代上筵心
財力士鑒灯送再文召請 掌福明吏收冤贖命上筵心
書把簿 結冤了愿
移山按樹 担枷抱鎖
埋名禁忌聞召請 驚鴉報曉上筵心
川州入縣 十街弟子
斬鴉斷物 呑毛食血

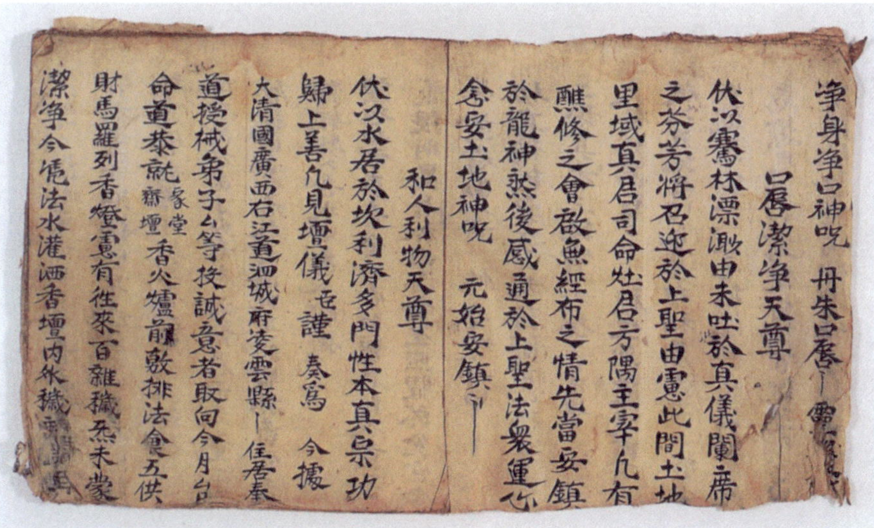
淨身淨口神呪 丹朱口唇
口唇潔淨天尊
伏以鶯林漂瀲由未吐於真儀闌席
之芬芳將召迎於上聖由憑此間土地
里域真居司命灶君方隅主宰凡有
醮修之會啟無經布之情先當安鎮
於龍神然後感通於上聖法衆運心
念安土地神呪 元始安鎮
和人利物天尊
伏以水居於坎利濟多門性本真宗功
歸上善凡見壇儀 右謹 奏爲 今據
大清國廣西右江道泗城府凌雲縣 住居奉
道投械弟子 等投誠意者取向今月
命道恭就 家堂 齋壇 香火爐前敷排法會五供
財馬羅列香燈憲有往來百雜穢忝未蒙
潔淨今憑法水灌洒香壇内外穢

42 *Shangchuan geshu chuandu yong* 上船歌書傳度用 (Liederbuch zum ‚Bootbesteigen' für Ordinationen); o.J. (vermutlich 19. Jh.); Guangxi; Youmian; 23 Seiten; 20x12,5 cm; Cod. sin. 1014.

Der Text besteht aus zwei Teilen: einer Sammlung von Formularen, welche von den Youmian bei der „Beförderung" (*jiazhi*) auf höhere Posten innerhalb der Priesterhierarchie verwendet werden, und dem „Liederbuch zum Bootbesteigen" (*Shangchuan geshu*), welches die meditative Reise eines Ordinanden beschreibt.

In einem Formular (Abb.), welches im Rahmen dieser Beförderungszeremonie Anwendung findet, werden im einzelnen folgende Handlungen aufgeführt: den „Vier Himmlischen Ämtern" (*sifu*) wird das Ritual angekündigt; die Banner der Fünf Richtungen zum Empfang der Gottheiten werden aufgestellt und eine Bittschrift um die Erteilung einer Beförderungsurkunde durch die Exorzismusbehörde des Nördlichen Pols wird an den Jadekaiser des 33. Himmels eingereicht; eine Abschrift der Urkunde soll von der Gottheit *Jiulang* des *Lüshan* aufbewahrt werden. Neben dieser Erklärung der *Lüshan*-Zugehörigkeit wird außerdem, wie in zahlreichen Formularen für die Youmian-Ordination, ausdrücklich erwähnt, daß diese Zeremonie der Tradition des „Himmelsherzen" (*Tianxin*) folgt. Solche Erklärungen finden sich bei *Shigong*-Ordinationen der Jingmen nicht, obwohl sie oft ähnliche Ritualanweisungen verwenden. (SM)

43 *Tianshi shouxie miyu* 天師授械秘語 (Geheime Anweisungen zur Ordination der *Tianshi*-Schule); *Daoguang* 2 (1822); o.O.; Besitzer Deng Jin Huang 鄧金煌; Jingmen; 16 Seiten; 25,5x18,8 cm; Cod. sin. 1009.

Der Text enthält Anweisungen und Erklärungen zur Abfolge einzelner Rituale und geheime Beschwörungen, die in der Liturgie *Shoujie kaijie ke* (vgl. Kat. 41) nicht erwähnt werden. So wird die ansonsten kaum verständliche „Liturgie für des Frühlings" (*Xinchun ke*) erst durch die hier niedergelegten Erläuterungen nachvollziehbar. Danach führt der frisch Ordinierte wie ein chinesischer Beamter der Kaiserzeit im Frühling eine rituelle Pflügung durch; erst danach wird er in seiner neuen Stellung als Priester anerkannt.

Der Text, der Anweisungen für *Daogong* sowie für *Shigong*-Ordinationen enthält, weist zahlreiche rote Markierungen jeweils zu Beginn eines Ritualabschnitts auf und schließt Talismane und Beschwörungen ein (Abb.), die ein *Shigong*-Ordinand erlernen muß. Eine Besonderheit des Titels ist die Schreibweise des Zeichens *Tian* („Himmel"), die Bezüge zu einer Geheimgesellschaft (*Tiandihui*) vermuten läßt. (SM)

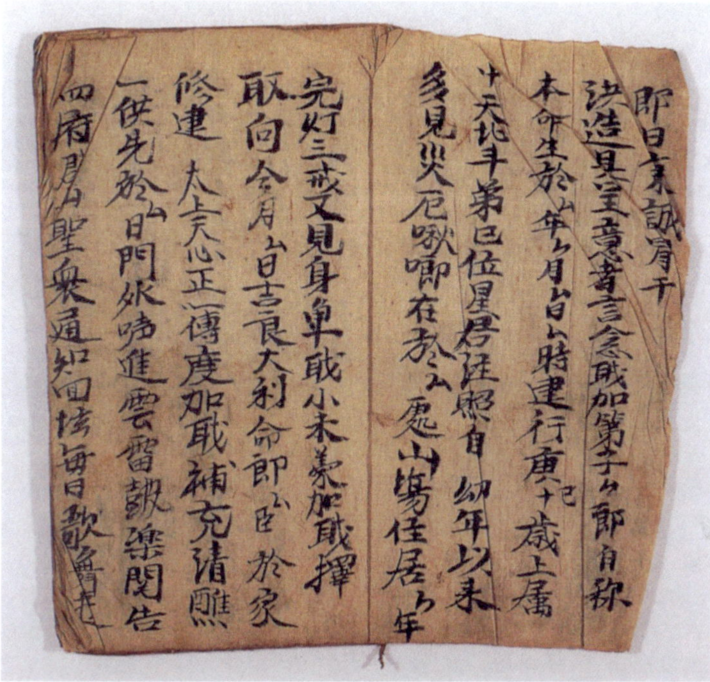

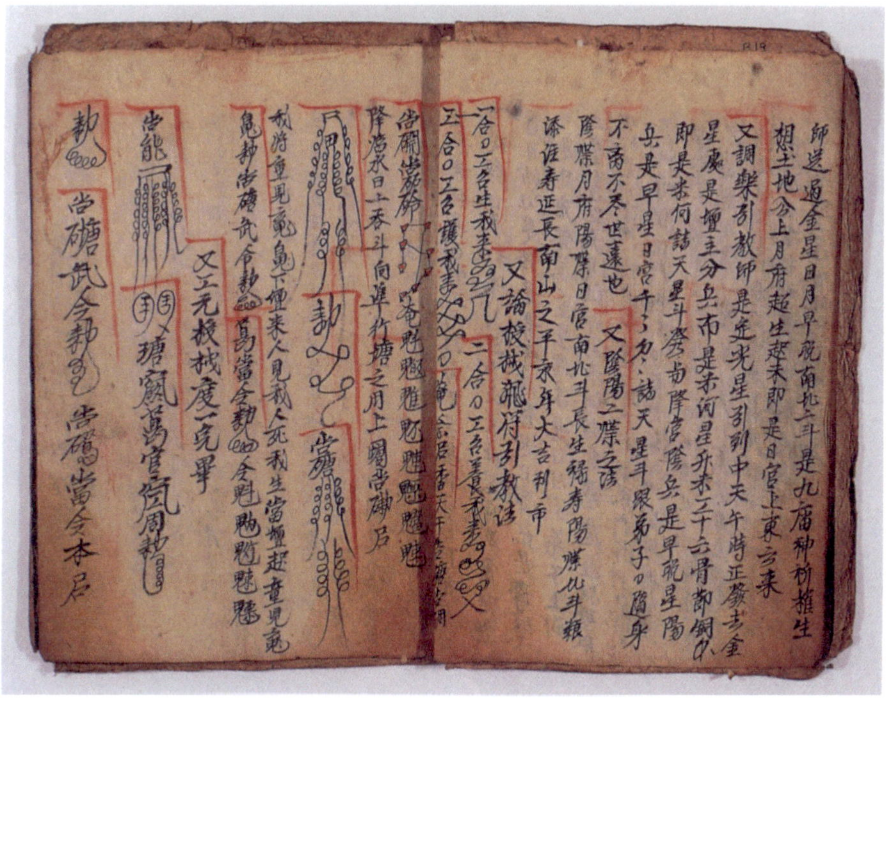

44 4 Masken (*Shentou* 神頭) aus mehreren Lagen Papier, farbig bemalt; o.J. (vermutlich Mitte 20. Jh.); o.O. (vermutlich Laos oder Nordthailand); Besitzer Li Fa Ying 李法應, Deng Fa Tao 鄧法滔, Wen Yun Yu 溫雲玉, letzter Besitzer Pan Fa Jie 盤法階; Youmian und Jingmen; zwischen 22-28x16-24 cm; Cod. sin. 348.

Priester und Ordinanden tragen bei bestimmten Ritualen – immer wenn die physische Präsenz der Gottheit erforderlich ist – eine entsprechende Maske. Diese wird mit Hilfe einer Schnur so um den Kopf gebunden, daß sie über der Stirn aufragt. Außerdem wird eine Maske beim Begräbnis eines hochrangigen Priesters über das Gesicht des Toten gelegt und mit ihm begraben oder verbrannt. Sie repräsentiert die dargestellte Gottheit aus dem daoistischen Pantheon und gilt als heilig; kein Nicht-Ordinierter darf sie tragen.

Die fünf gewöhnlich auf den Masken dargestellten Gottheiten sind: die *Sanqing* („Drei Reinen") – *Yuanshi* („Uranfang"), *Lingbao* („Numinose Kostbarkeit"), *Daode* („Wirkkraft des Dao") –, *Taiwei* („Oberkommandierender") und *Xianfeng* („Vorkämpfer"). Unter den neun Münchner Masken, die aus verschiedenen Sätzen sowohl der Youmian als auch der Jingmen stammen, lassen sich unter anderem die folgenden Gottheiten identifizieren (von links oben nach rechts unten): *Daode*, eine Personifikation *Laozi*s, dargestellt mit weißen Haaren, da er bereits als alter Mann geboren wurde; *Ling Gong*, eine Jingmen-Maske aus dem Besitz Wen Yun Yus; *Taiwei*, der den heiligen Altarbereich vor bösen Geistern schützt und üble Einflüsse und Krankheiten vertreibt. Auf der vierten Maske ist eine weibliche Person mit chinesischem Kopfputz und Gewand dargestellt. Es handelt sich möglicherweise um *Jianzhai niangniang*, die Inspektorin des Fastens, die auf den Bildern gewöhnlich Yao-Kleidung trägt. Sie wacht darüber, daß das Verbot des Fleischessens und des Geschlechtverkehrs vor und während der Ordinationszeremonie eingehalten wird, um den für das Ritual geschaffenen heiligen Bereich nicht zu beflecken.

Einige der Masken tragen zum Teil unvollständige Inschriften auf der Rückseite, die die Bezeichnung der dargestellten Gottheit, z.B. *Ling Gong*, und die Namen des oder der Besitzer wiedergeben. Demnach war Pan Fa Jie vermutlich der letzte Besitzer. (XG)

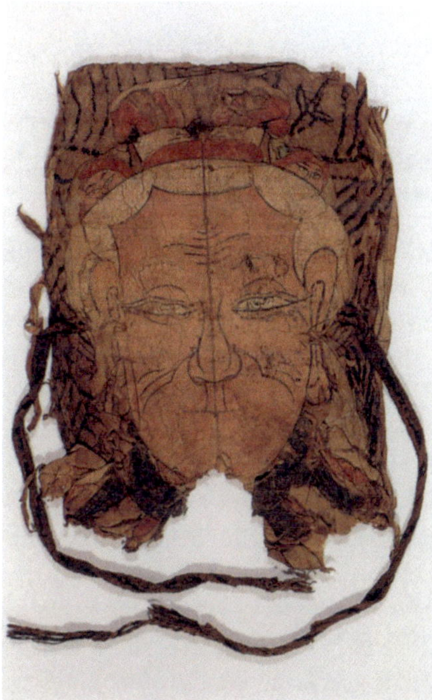
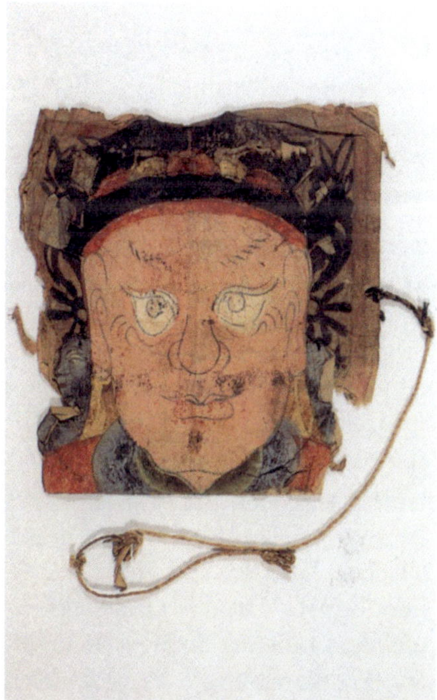
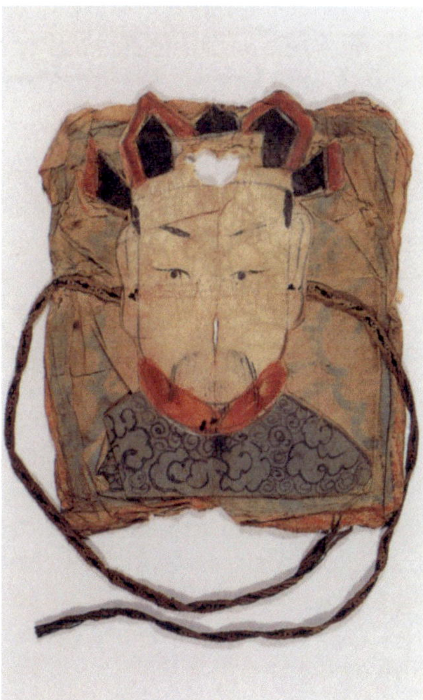

45 *Bawang kaijin zongjue* 拔亡開禁總訣 (Gesten zur Erlösung von Verstorbenen und Aufhebung von Verboten; Titelangabe im Kolophon: *Yinyang jing bawang (?)* 陰陽井拔亡□ Erlösung aus dem *Yinyang*-Brunnen); *Jiaqing* 17 (1812); Guilin; Youmian; Besitzer Huang Fa Tai 黃法泰, Schreiber Huang Wen Ming 黃文明; 43 Seiten; 23,7x12,6 cm; Cod. sin. 1037.

Es scheint, als solle in dieser Handschrift das gesamte religiöse Spektrum abgedeckt werden, um die Erlösung der Totenseelen sicher zu stellen. So beruft man sich sowohl auf die großen orthodoxen daoistischen Schulen der „Rechten Einheit" (*Zhengyi*) und der „Numinosen Kostbarkeit" (*Lingbao*), auf eher populäre Strömungen wie den *Meishan*-Daoismus und die *Tianxin*-Schule mit ihrer obersten Instanz, der „Exorzismusbehörde des Nördlichen Pols" (*beiji quxieyuan*), als auch auf die Lehre Buddhas. Der Text ist größtenteils mit *yubu,* der rituellen Schrittfolge, die nach dem hinkenden Kulturheros *Yu* benannt ist, befaßt. Diese ist grundlegend für die Rituale aller daoistischen Schulen und dient der Festlegung, Reinigung, Versiegelung und dem Schutz von sakralen Bereichen, dem Übergang zwischen den Welten und dem Aufstieg in den Himmel. Mit Hilfe der *yubu*-Schritte (Abb.) werden der Altarbereich und das gesamte Universum von üblen Einflüssen befreit. (LO)

46 *Tiejian ke* 帖簡科 (Liturgie für Rituale, die vor der Einladung von Gottheiten durchgeführt werden); *Kangxi* 59 (1720); Yunnan; Besitzer Deng Jing Qi 鄧經器; Jingmen; 32 Seiten; 26,5x26 cm; Cod. sin. 1039.

Die genaue Bedeutung des Titels ist nicht klar. Der Text beschreibt vor allem, wie ein Ritualmeister mit Hilfe von Eingaben, Talismanen und Schritten auf den *beidou*-Sternen die Boten der Gottheiten (*gongcao* „Inspektoren der Verdienste") zum Ritualplatz holt, damit sie diesen vor Beginn des *zhai*-Rituals reinigen. Neben den beiden Reinigungsritualen des Altars *jingtan* und *chitan* ist *guan'gao* (Berichterstattung an die Gottheiten) wichtigster Bestandteil.

Letzteres mußte liturgischen Texten zufolge bei allen Opfern durchgeführt werden, bei denen kein Fleisch dargebracht wurde, nicht nur in Yunnan (wie die Ortsangabe belegt), sondern auch in Guangxi. Dieser Teil des Rituals stammt aus der „Himmelsherzen"-Tradition und läßt sich zurück in das 13. Jh. verfolgen. Die Zeitangabe (1720) ist die älteste, die bislang in einer Yao-Handschrift der Münchner Sammlung gefunden wurde. (SM)

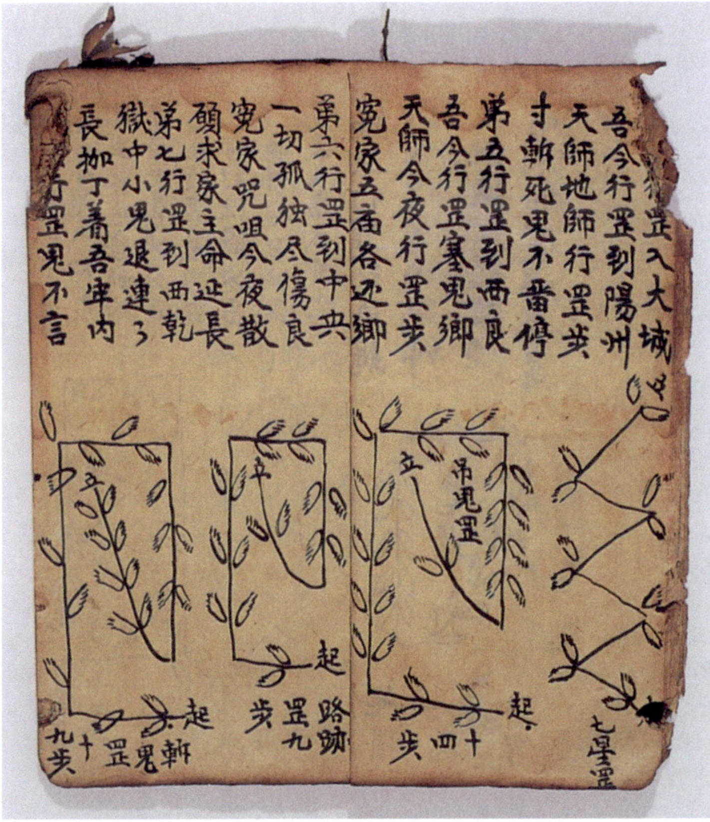
罡入大城
吾今行罡到陽州
天師地師行罡步
寸斬死鬼不留停
弟五行罡到西良
吾今行罡塞鬼鄉
天師今夜行罡步
冤家五廟各还鄉
弟六行罡到中央
一切孤独尽傷良
冤家咒咀今夜散
頤求家主命延長
弟七行罡到西乾
獄中小鬼退連了
長枷丁着吾牢内
行罡鬼不言
七星罡
起
立
吊鬼罡
起
十四步
起
路跡罡九步
立
起
斬鬼罡十九步
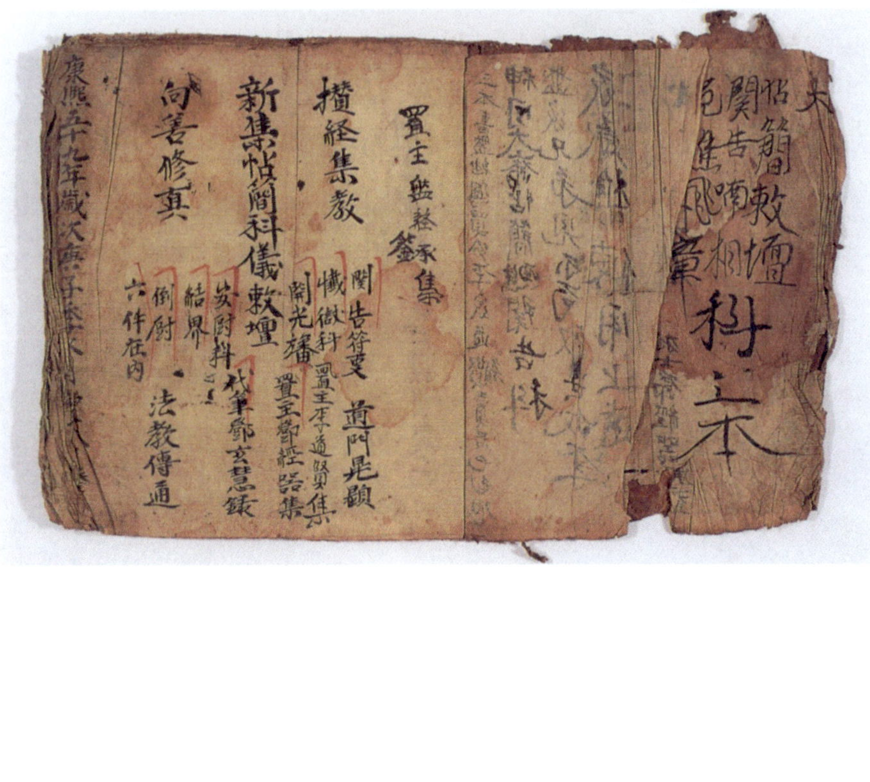
康熙五十九年歲次庚子
向善修真
新集帖脩科儀數壇
攢経集数
置主
閣告符叓
道門星顯
懺徽科
開光播
置主鄧經昭集
安府科
代筆鄧玄慧録
結界
倒府
六件在内
法教傳通
科
一本

47 5-zackige Priesterkrone (*Shen'e* 神厄) aus mehreren Lagen Papier, farbig bemalt; o.J. (vermutlich Mitte 20. Jh.); o.O. (vermutlich Laos oder Nordthailand); Youmian; Besitzer Feng Fa Xiang 馮法香; 17,5x34 cm; Cod. sin. 744.

Neben Rollbildern und Masken gehören auch Priesterkronen zu einem vollständigen Satz ritueller Malerei. Sie werden von höherrangigen Priestern bei verschiedenen Ritualen getragen. Gewöhnlich weisen sie sieben oder neun Segmente auf, die jeweils die Darstellung einer Gottheit zeigen. Darüber ist mittels eines Fadens jeweils eine Klappe befestigt, die ebenfalls eine Abbildung trägt. Die darunter liegenden Bilder sind dadurch abgedeckt und werden erst sichtbar, wenn man die Klappen aufschwenkt. Die Kronen gelten als heilig, und ihre Handhabung unterliegt entsprechenden Beschränkungen.

Das Münchner Exemplar besitzt nur fünf Segmente. Darauf wiedergegeben sind die obersten Gottheiten der himmlischen Hierarchie der Yao in ihrer üblichen Anordnung (Abb. unten): In der Mitte *Sanqing*, die „Drei Reinen" (*Daode*, *Yuanshi* und *Lingbao*) links davon *Yuhuang*, der „Jadekaiser" und rechts davon *Shengzhu*, der „Herr der Heiligen" (beschädigt). Die angenähten vier Klappen zeigen ihre Adjutanten auf ihren Reittieren Drache, Pferd, Tiger und Kranich; über *Shengzhu* war keine Klappe angebracht. Die beiden Zeichen in den linken und rechten Abschlußsegmenten der Krone stehen für den „Mond" und die „Sonne" (Abb. oben). (XG)

48 *Dengyan gongcao zhu shengmu* 燈筵功曹諸聖目 (Verzeichnis aller Inspektoren der Verdienste für ein Lampenfest); *Jiaqing* 20 (1815); o.O.; Youmian; Besitzer Deng Fa Ying 鄧法應, Schreiber Deng Fa Guan 鄧法冠; 57 Seiten; 24x23,5 cm; Cod. sin. 1015.

In einem weitaus höheren Maße als die Bücher zählen die Malereien zu den sakralen Objekten. Ein kompletter Satz Rollbilder bei den Youmian-Yao umfaßt 17 bis 24 Malereien. Diese werden bei bestimmten Ritualen in festgelegter Anordnung im Haus aufgehängt und danach wieder zusammengerollt. Trotz ihrer spirituellen Bedeutung können sie verkauft oder, etwa bei Beschädigung, ersetzt werden.
Die Schrift hat einen Einband, für den der Ausschnitt eines aussortierten Bildes verwendet wurde (Abb. rechts). Soweit noch zu erkennen, handelte es sich hierbei um die Darstellung der Gottheit *Daode* („Wirkkraft des Dao"; Person mit Nimbus oben rechts) mit Gefolge. Sie gehört zu den *Sanqing*, den „Drei Reinen", die die Spitze der Hierarchie des Yao-Pantheons bilden. (XG)

49 *Shier xing Yaoren heshen jingsheng tu* 十二姓瑤人賀神敬聖圖 (Darstellung der Begrüßung von Gottheiten und Ehrerbietung an Heilige durch die Zwölf Clans der Yao); o.J. (ca. Mitte 20. Jh.); o.O.; Youmian; im Text genannte Meister Wang Shi Zhen 王士貞, Wang Fa Yun 王法雲; Tuchstreifen, Illustrationen in Rot und Schwarz; 123x26 cm; Cod. sin. 355.

Die Schriftrolle enthält neben einer Formel zur Begrüßung von Gottheiten durch die Zwölf Yao-Clans „Kleine Methoden" (*xiaofa*) zur Krankenheilung, zur Abwehr von Katastrophen und zur Verwandlung des Priesters oder von Gegenständen. Solche Verfahren mit Berufung auf den „Allerhöchsten Fürsten Lao" sind für Youmian-Texte der *Lüshan*-Tradition typisch. Der größte Abschnitt dient jedoch der Darstellung eines Reinigungsrituals, bei dem der Altar mit Hilfe von Ritualgeräten (Büffelhorn, Befehlsflagge, Weihrauchgefäß, Weihwasser, Ritualmesser und Priesterstab) purifiziert wird. Zudem sorgen die aus dem Jenseits rekrutierten Hilfstruppen und *yubu*-Schrittfolgen für Schutz vor schädlichen Einflüssen und die Befreiung von übelwollenden Gottheiten und Dämonen. Anschließend wird der Altarbereich mit Hilfe von Talismanen, hier vor allem denen der drei *Sanyuan*-Generäle *Tang*, *Ge* und *Zhou*, nach allen Himmelsrichtungen hin versiegelt. (LO)

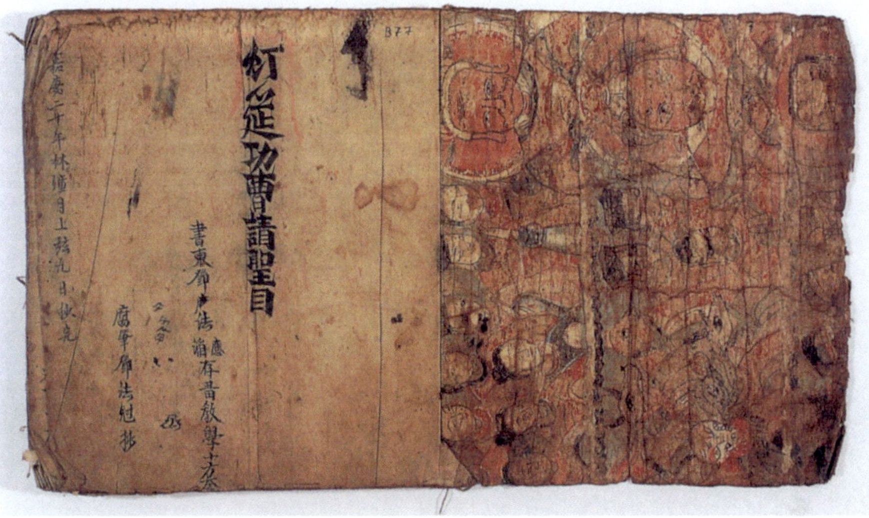

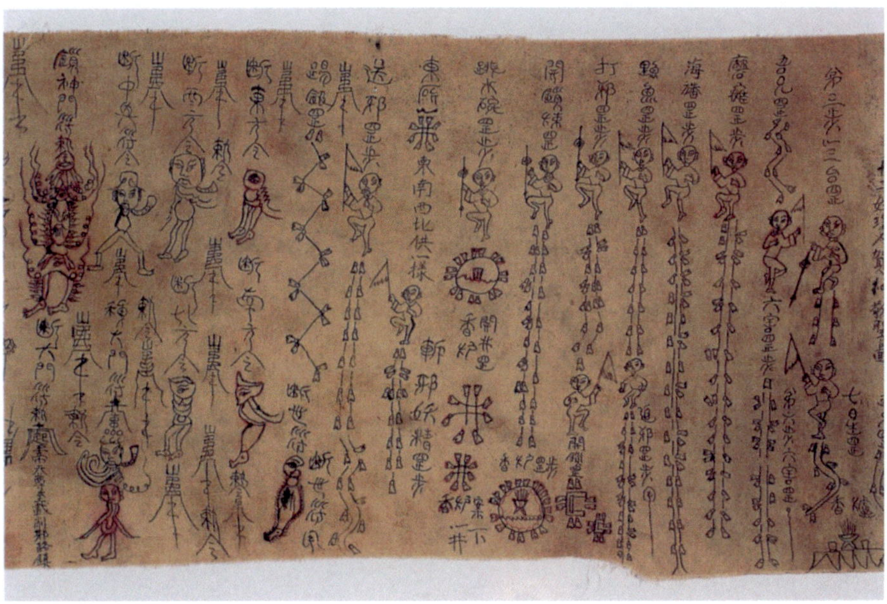

50 *Gongyan hongen mi* 貢筵洪恩秘 (Geheime Anweisung zur Widmung eines Banketts an die unendliche Gnade); *Daoguang* 11 (1831); o.O.; Jingmen; Besitzer Li Ying Xian 李應鮮, Li Yuan Zong 李院宗, Li Jin Zong 李金宗; 63 Seiten; 24x21 cm; Cod. sin. 925.

In dieser *Shigong*-Handschrift werden Ritualanweisungen *fa* zu verschiedensten Zwecken, etwa zur Rekrutierung von Hilfstruppen aus dem Jenseits oder zur Bekämpfung von allerlei Übel wie wilden Tigern, Räubern oder Dämonen aufgeführt. Dies geschieht unter Bezugnahme auf *Zhang tianshi*, den Begründer der Schule der „Rechten Einheit", und die *Sanyuan*, die „Drei Uranfänglichen" *Tang*, *Ge* und *Zhou* der *Meishan*-Schule. Der Hauptteil des Textes ist jedoch dem Ablauf eines Rituals zu Ehren der Göttin *Dimu*, der für Kindersegen zuständigen „Kaiserlichen Mutter", gewidmet. Verschiedene Schriftstücke werden an sie verschickt, um die Veranstaltung eines Banketts bekanntzugeben und sie zusammen mit dem „Kaiserlichen Vater" (*Difu*) und den „Blumenfrauen" (*huaniang*) einzuladen. Vom Leuchten einer Lampe, der kostbaren Perle des Goldenen Drachens, geleitet, kommen sie über Strassen aus Weihrauchsäulen und über eine Brücke, zu deren Konstruktion der Schutzpatron der Schreiner, *Lu Ban*, zu Hilfe gerufen wird. Ihr Weg, wie auch die imaginären Reisen der Boten und des Priesters, die für den Schriftverkehr verantwortlich sind, führen durch eine Himmelswelt, die daoistische und buddhistische Vorstellungen vereint und mit dem Altar gleichgesetzt wird. Mit dessen Errichtung wird ein Mikrokosmos geschaffen. Ein roter und goldener Turm repräsentieren *Dimu* und *Difu*; Altartische, Weihrauchgefäße, Räucherstäbchen, Lampen, Wasserschüsseln und Reisschalen werden zu Bestandteilen des Universums: zu Himmelspräfekturen, Sternhäusern, Gottheiten und ihren Palästen, zu himmlischen Toren oder Straßen, zu heiligen Bergen, Brunnengefängnissen oder zu „Drachen der uranfänglichen Welt". Der Aufstieg in diesen Kosmos erfolgt über die „Leiter" aus den Sternen des Großen Wagens (*beidou*). Über die buddhistischen „Welten der Begierde" (*yujie*, *kâmadhâtu*), der „Form" (*sejie*, *rûpadhâtu*) und der „Formlosigkeit" (*wusejie*, *arûpadhatu*) gelangt man in den „Himmel des Südens" (*wutian*) und zu den dort residierenden Ahnen, zum Palast der kaiserlichen Mutter auf dem „Schildkrötenberg" (*aoshan*), in den „Drachenhof" (*longting*) des Wasserreiches, in den Palast der *Guanyin* und zum Ort der Wiedergeburt. (LO)

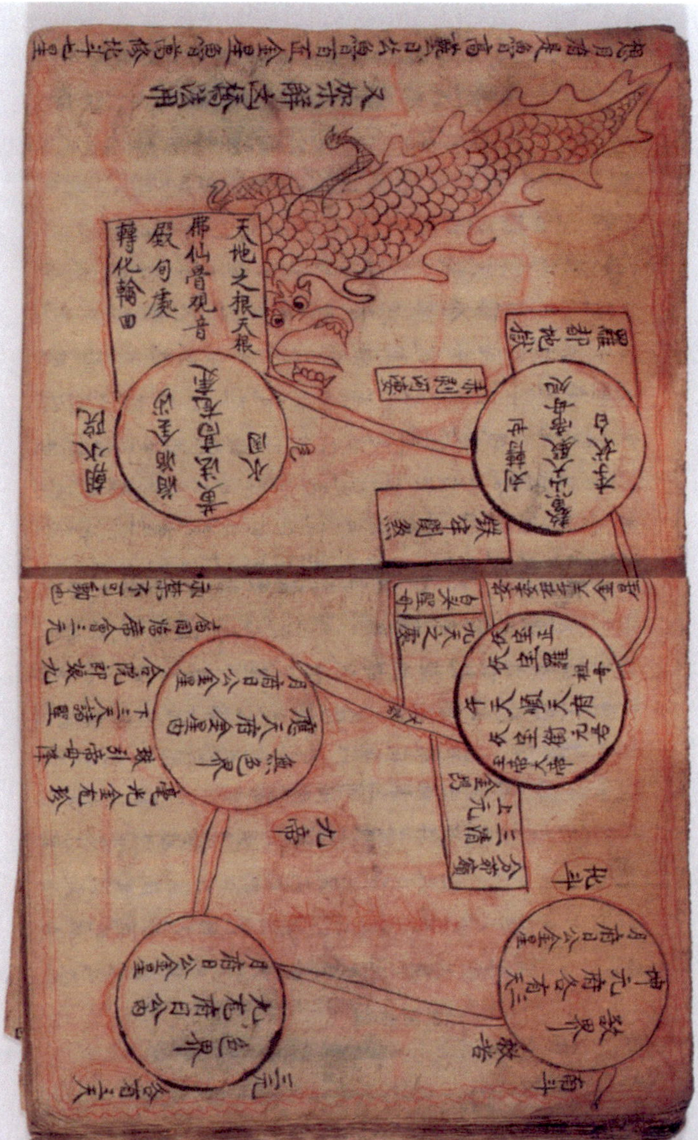

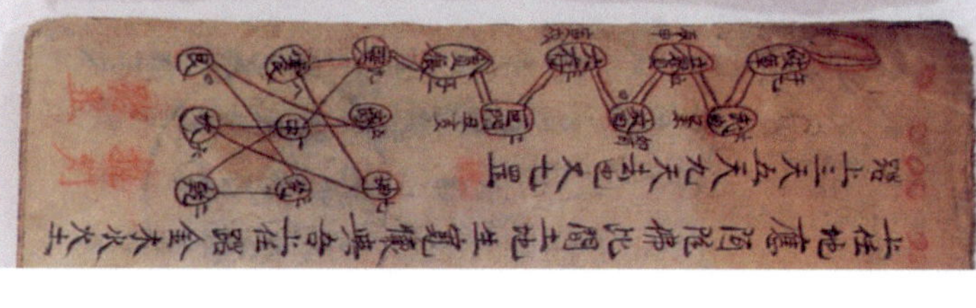

51 *Daomen zhu shi gong tanyuan shi* 道門諸式共壇院式 (Formulare für Daoisten sowie Pläne für Ritualplätze); *Daomen zhushi* vermutlich 1729; Cao Bang 高平, Annam; späterer Besitzer Huang Miao Jing 黃妙經 aus Yunnan; 91 Seiten; 23x25,5 cm; Cod. sin. 709.

Die Schrift „Pläne für Ritualplätze" wurde von ihrem späteren Besitzer, dem *Daogong*-Priester Huang Miao Jing, den „Formularen für Daoisten" beigeheftet. Andere Bücher aus seiner Bibliothek weisen darauf hin, daß er in der zweiten Hälfte des 18. Jh. an der Grenze zwischen Yunnan und Vietnam lebte.

Die schematisch dargestellten Pläne zur Anordnung zweier Ritualplätze sind ähnlich: Hinter dem Altartisch sind die „Drei Himmel" (*yuyu*, *qingwei* und *taichi*) angeordnet; links davon befinden sich die Sitze für die Richter, die die Taten der Verstorbenen beurteilen; zur Rechten sind hingegen jene göttlichen Institutionen plaziert, die die erlösten Seelen empfangen. Ansonsten enthält die Schrift in erster Linie Gedichte, die sich an die hier versammelten Gottheiten richten. Anderen liturgischen Texten läßt sich entnehmen, daß die damit verbundenen Riten (*yujing* „Jadehauptstadt" und *mengzhen* bzw. *mingzhen* „erleuchtet und wahr") zur „Erlösung aller Seelen" (*pudu*) dienten. *Mengzhen*-Rituale wurden vor allem für verstorbene *Daogong*-Priester abgehalten. (SM)

52 *Zundian jing juan zhong* 尊典經卷中 (Schriften aus den Erhabenen Daoistischen Drei-Grotten-Abteilungen, Bd. 2); o.J., o.O.; 19 Seiten; 24,5x21 cm; Cod. sin. 599.
Yushu jing 玉樞經 (Schrift des Jadedrehpunktes); o.J., o.O.; 7 Seiten; 24,5x20 cm; Cod. sin. 630.
Yuhuang jing xia juan 玉皇經下卷 (Schrift des Jadekaisers, Bd. 3); *Jiaqing* 13 (1808); o.O.; 14 Seiten; 25x21,5 cm; Cod. sin. 627.
Duren jing dabu 度人經大部 (Schrift von der Erlösung der Menschheit in langer Version); *Jiaqing* 13 (1808), o.O.; 15 Seiten; 24,5x20 cm; Cod. sin. 639. Besitzer der vier Bücher: Deng Jing Zun 鄧經尊; Jingmen.

Die vier Schriften *jing* stammen aus der Bibliothek eines *Daogong*-Priesters. Insbesondere *Yuhuang jing* ist eine der wichtigsten daoistischen Schriften bei den Yao und Angehörigen anderer ethnischer Gruppen in Südchina. Sein Besitz bestätigt das hohe Ansehen eines Ritualmeisters. *Zundian jing* ist identisch mit den „Schriften aus den 36 erhabenen Abteilungen" (*Taishang sanshiliu bu zunjing*) im Daoistischen Kanon; *Yushu jing* wird seit der Song-Zeit für die Ausübung von „Donnermethoden" verwendet. *Duren jing* entspricht fast durchweg der Fassung im Daoistischen Kanon. (SM/LO)

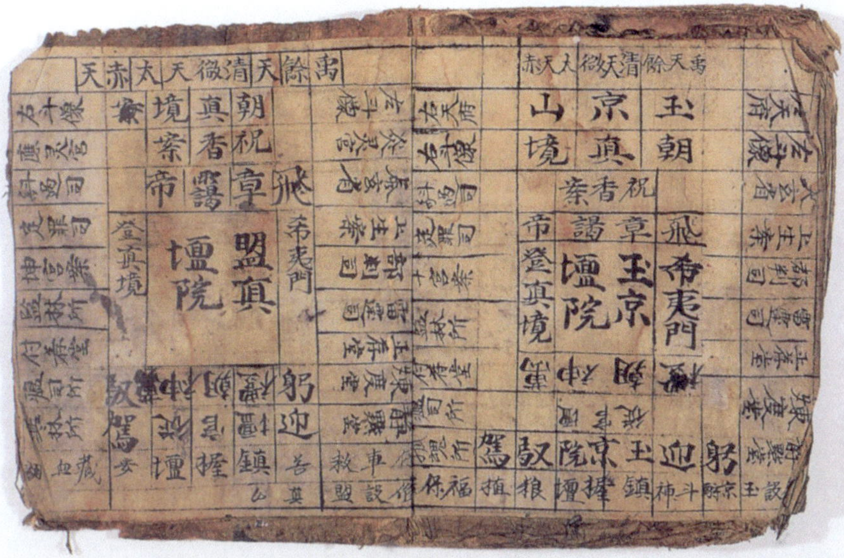

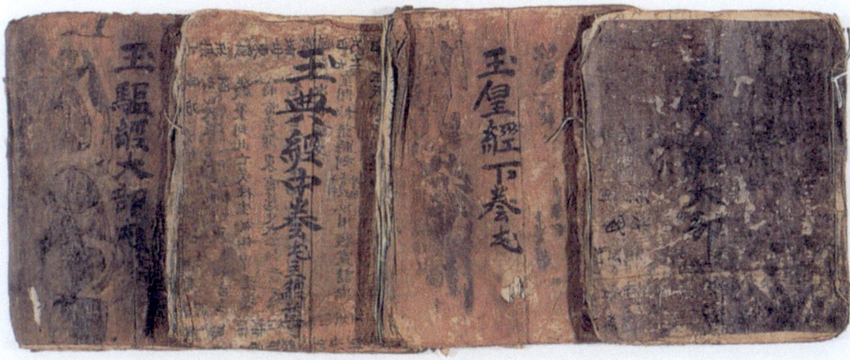

53 *Zhupin jing* 諸品經 (Auszüge verschiedener kanonischer Schriften); *Daoguang* 26 (1846); o.O.; Besitzer Li Yun Jing 李雲靜; Jingmen; 73 Seiten; 25x19 cm; Cod. sin. 731.

Zhupin jing, das bei *Daogong*-Ordinationen der Jingmen-Yao überliefert wird und in ihren Ritualen einen hohen Stellenwert einnimmt, besteht aus Exzerpten verschiedener daoistischer kanonischer Schriften und wohl auch lokal zirkulierender Texte. Unter anderem beinhaltet es die „Wunderbare Schrift der heiligen Mutter und der Blumengöttin“, die „Wunderbare Schrift zum Dank an den Rinderkönig“, die „Wunderbare Schrift zur Haltung von sechs Haustierarten, Hühnern und Enten“ und die „Wunderbare Schrift zur Audienz beim Erhabenen Kaiser“; letztere (Abb.) warnt die Menschen insbesondere vor sittenwidrigem Verhalten. Der Rinderkönig kommt sowohl in buddhistischen als auch in daoistischen Schriften vor. Derartige Texte zirkulierten nicht nur unter den Yao, sondern auch unter Han-Chinesen sowie anderen ethnischen Gruppen in Südchina. Sie weichen allerdings in der Länge und in der Auswahl der Exzerpte stark voneinander ab, so daß es keine „Standardausgabe“ gibt, sondern zahllose lokalen Traditionen verhaftete Kompilationen. (SM)

54 Ohne Titel (ein Text der Kategorie „Kleine Methoden" *xiaofa* 小法; 1976; o.O.; Youmian; 33 Seiten; 23x12 cm; Cod. sin. 992.
Songwang jiejie shu 送亡解結書 (Buch zum Abschiednehmen von Verstorbenen und zur Entwirrung von Knoten); 1976; o.O.; Youmian; Besitzer Pan Jin Sheng Long 盤金陞龍; 14 Seiten; 25,5x22 cm; Cod. sin. 1029.
Kaitan shu 開壇書 (Buch zur Eröffnung des Altars); 1977; o.O.; Youmian; Besitzer Li Jin Yin 李進銀; 83 Seiten; 28x22 cm; Cod. sin. 1028.

Alle drei Bücher wurden von He Xin Hua (vgl. Kat. 18) kopiert und in Kursivschrift unterzeichnet. In der Regel wurden die Texte „nach alten Vorlagen abgeschrieben“: häufig von professionellen Schreibern, die auch anderen ethnischen Gruppen wie Han-Chinesen und Zhuang angehören konnten. Die drei Bände zeigen einen sehr strengen und markanten Duktus auf gleichem Papier. Schreibfehler – vor allem die Verwechslung von Homophonen – kommen insbesondere dann vor, wenn die Texte diktiert und ohne Verständnis des genauen Inhalts niedergelegt wurden.

„Bibliotheken“ von Yao-Priestern und Berufsschreibern konnten nicht nur in der Bayerischen Staatsbibliothek identifiziert werden, sondern – teilweise sogar mit Überlappungen – auch in der Bodleian Library in Oxford. (SM)

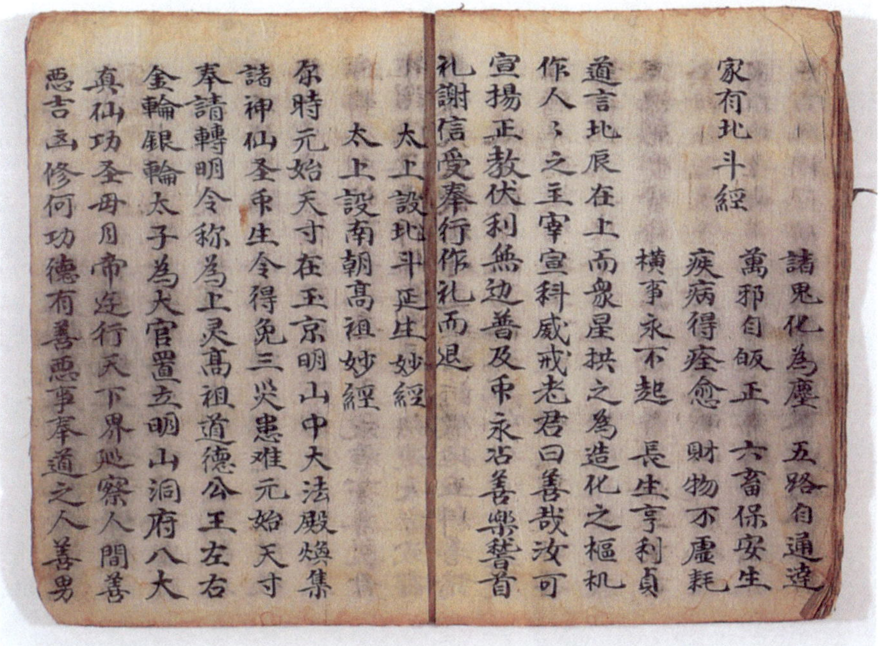
家有北斗經
諸鬼化為塵　五路自通達
萬邪自皈正　六畜保安生
疾病得痊愈　財物不虛耗
橫事永不起　長生亨利貞
道言北辰在上而衆星拱之為造化之樞机
作人人之主宰宣科威戒老君曰善哉汝可
宣揚正教伏利無边普及衆永治善樂稽首
礼謝信受奉行作礼而退
太上說北斗延生妙經
太上說南朝高祖妙經
尒時元始天尊在玉京明山中大法殿煥集
諸神仙聖衆生令得免三災患难元始天尊
奉請轉明令稱為上灵高祖道德公王左右
金輪銀輪太子為大官置立明山洞府八大
真仙功聖母月帝遊行天下界巡察人間善
惡吉凶修何功德有善惡事奉道之人善男

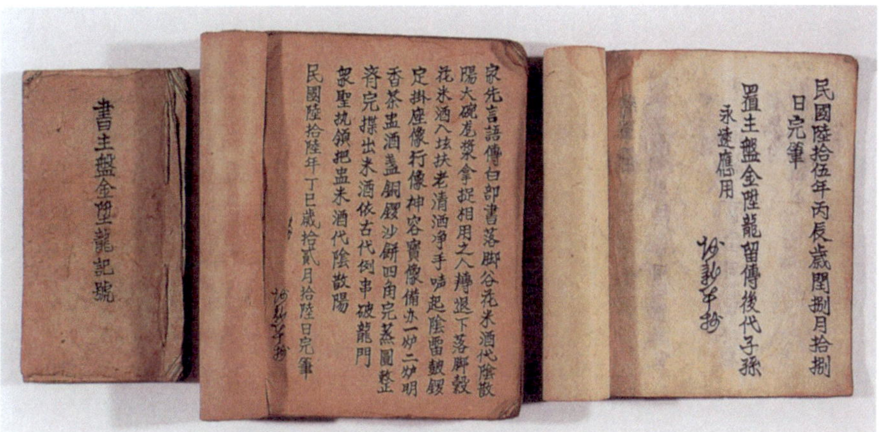
書主盤金陞龍記號

家先言語傳白部書落脚谷花米酒代陰散
陽大碗龙漿拿捉相用之人搏退下落脚穀
花米酒入垓扶老清酒净手喃起陰雷鼓鼓
定掛座像行像神容寶像備亦一妙二妙明
香茶盅酒盞銅鼓沙餅四角完蒸圓整
脊完撲出米酒依古代倒串破龍門
衆聖執領把盅米酒代陰散陽
民國陸拾陸年丁巳歲拾貳月拾陸日完筆

民國陸拾伍年丙辰歲閏捌月拾捌
日完筆
置主盤金陞龍留傳後代子孫
永遠應用

55 Ohne Titel (*Pinghuang quandie* 評皇券牒, „Urkunde des Königs Ping“); o.O.; o.J.; Youmian; Querrolle; 46x906 cm; Cod. sin. 700.

Rahmen- und vertikale Leisten unterteilen die gut erhaltene, aus 15 Maulbeerstrauchpapierblättern auf einer Unterlage zusammengeklebte Querrolle. Über die ersten neun läuft eine Mittelleiste und zerlegt sie in zwei Register; es folgen die Zierblätter 10, 12 und 14 mit den Textblättern 11, 13 und 15. Der Text ist von einer fortgeschrittenen Hand mit einigen kursiven Elementen und im Süden Chinas gebräuchlichen Sonderzeichen geschrieben. Orthographie und Vokabular sprechen für ein Alter von höchstens zwanzig Jahren; Hinweise auf Schreiber, Eigentümer oder Orte fehlen. Vermutlich war die Rolle selten oder gar nicht in Gebrauch. Auf eine zusammenfassende Einleitung folgt eine Universalgeschichte seit den Drei Ursprüngen. Nachdem das erste Zeitalter durch Weltenbrand, das zweite durch eine Flut zerstört worden war, begründeten *Fuxi*, seine Schwester und ein „Alter Herr“ (*Laozi* ?) erneut die gesellschaftliche Ordnung auf der Erde. In Anlehnung an die in China überlieferten Genealogien – wobei allerdings manches durcheinander geht – wird von weiteren mythischen Herrschern berichtet, die den Menschen Kultur und Verwaltung brachten. Herausragendes Merkmal ist die Ordnung der Wasser. Gelingt sie nicht, wird die Herrschaft weitergegeben. Vom Großen *Yu*, dem Flutenbändiger und Begründer der Xia-Dynastie (2. Jahrtausend v.Chr.), heißt es, er habe von einem Unsterblichen magische Künste erlernt, den *jingu*-Stab erhalten und mit dessen Hilfe den Lauf der Wasser geregelt; ferner habe er den Yao die Schule auf dem *Meishan* gegeben. Sehr knapp geht es nun durch die Jahrhunderte, wobei Geschehnisse und Personen der Tang (618-906) weiten Raum einnehmen, darunter der Pilgermönch Xuanzang aus dem Roman „Die Reise nach dem Westen“ (Abb.). Als Ahnherr (*Zushi*) einer nicht spezifizierten Tradition wird ein Li Shiliu Lang genannt, der im 10. Jh. gelebt und seine Lehre an drei Geschlechter weitergegeben haben soll. Der Text ist mit einer Karte und mit Abbildungen von im Text erwähnten Personen illustriert, eingestreut sind Formeln in archaisierender Siegelschrift sowie daoistische Talismane und die für die Urkunden typischen Rundsiegel. Die Darstellungen dürften mehrheitlich nach Vorlagen aus populären chinesischen Romanen kopiert worden sein. Zuweilen kopieren sie auch Götter- und Ahnenbilder, wie sie vor allem bei den Youmian anzutreffen sind. Zahlreiche Redundanzen, Sprünge in der Chronologie, formelhafte Elemente sowie die Mischung von Passagen in literarischer und Umgangssprache lassen vermuten, daß hier die korrupte und durch zusätzliche Materialien erweiterte Fassung eines älteren Textes vorliegt. (MF)

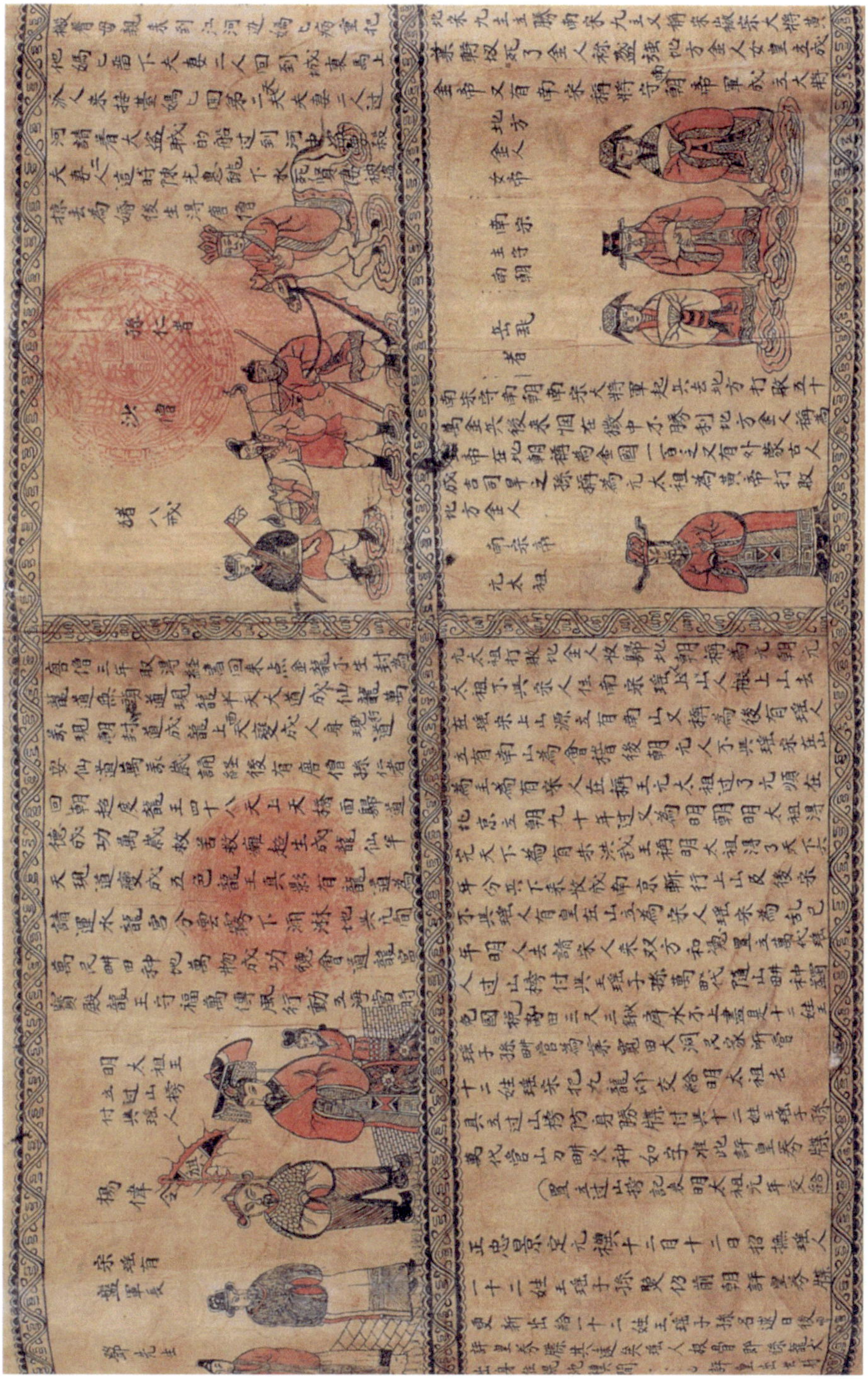

Ausgewählte Literatur in westlichen Sprachen

Be Viet Dang 1980 The Zao in Viet Nam. *Vietnamese Studies 11*: 40-83.

Bonifacy, Auguste L.M. 1904-05 Monographie des Mans Quan-Coc. *La Revue Indo-Chinoise N.S. 10*, 15. Nov. 726-34; N.S. 11, 15. Dez.: 824-32; N.S. 2, 30. Jan.: 138-48.
1906 Monographie des Mans Cham ou Lam-Dien. *La Revue Indo-Chinoise N.S 27*, 15.Fevr.: 168-182; N.S. 28, 28.Fevr.: 257-269.
1908 Monographie des Máns Dai-ban, Coc ou Sùng. *La Revue Indo-Chinoise N.S. 9* (84) 30. Jun.: 877-901; 10 (85) 15. Jul.: 33-62; 10 (86), 30.Jul.: 121-128.

Chan, Sungsi; Luang Nowakorn; Sebastian, E.G. (Übers.) 1925 The Yao. *Journal of the Siam Society 19/2*: 83-93.

Cushman, Richard David 1971 *Rebel Haunts and Lotus Huts. Problems in the Ethnohistory of the Yao*. Ann Arbor. University Microfilms International.

Fei Xiaotong 1991 Fifty Years Investigation in the Yao Mountains. In: Lemoine, Jacques; Chiao Chien (Hg.): *The Yao of South China. Recent International Studies*: 17-36.

Fortune, R.F. 1939 Introduction to Yao Culture. In: Fortune, R.F. (Hg.): Yao Society, a Study of a Group of Primitives in China. *Lingnan Science Journal 18/3*: 341-355.

Götzfried, Xaver 1990 *Die Religion der Yao*. Hamburg: Gesellschaft für Natur- und Völkerkunde Ostasiens.

Hänisch, Erich 1912 Reise zu dem Yao-Stamme in der Provinz Hunan, China. *Zeitschrift für Ethnologie 44*: 404-405.

Hsieh, Jiann 1989 Pai Yao's Ethnicity through their Own Document. A Preliminary Study of a Pai Yao Religious Book. In: Chiao Chien; Tapp, Nicholas C.T. (Hg): *New Asia Academic Bulletin 8*: Special Issue on Ethnicity & Ethnic Groups in China: 213-224.

Huang Yu 1991 A Preliminary Study of King Ping's Charter. In: Lemoine, Jacques; Chiao Chien (Hg.): *The Yao of South China. Recent International Studies*: 89-123.

Hubert, Annie 1985 *L'alimentation dans un village Yao de Thailande du Nord: 'De l'au-dela au cuisiné'*. Paris. Centre National de la Recherche Scientifique.

Iwata Keiji (Halpern, Joel, Hg.:) 1961 Minority Groups in Northern Laos. Especially the Yao. *Laos Project Paper 16*. Los Angeles. University of California, Dept. of Anthropology.

Jonsson, Hjorleifur 1996 *Shifting Social Landscape. Mien (Yao) Upland Communities and Histories in State-Client Settings*. Ann Arbor. University Microfilms International.

Kacha-ananda, Chob 1997 *Thailand Yao. Past, Present, and Future*. Tokyo. Gaikokugo Daigaku Ajia Afurika Gengo Bunka Kenkyujo (Institute for the Study of Languages and Cultures of Asia and Africa).

Kandre, Peter K. 1967 Autonomy and Integration of Social Systems: The Iu Mien ('Yao' or 'Man') Mountain Population and Their Neighbors. In: Kunstadter, Peter (Hg.): *Southeast Asian Tribes, Minorities, and Nations*, Bd. 2. Princeton. Princeton University Press: 583-638.

L. Thongkum, Theraphan 1991 *Guo Shan Bang. Perpetual Redaction of the Imperial Decree of Emperor Ping Huang for Protection when Travelling in the Hills*. Bangkok. Chulalongkorn University.

Lemoine, Jacques 1982 *Yao Ceremonial Paintings*. Bangkok. White Lotus.
1986 Yao religion and society. In: McKinnon, John; Khun Wanat Bhruksasri (Hg.): *Highlanders of Thailand*. Singapore, Oxford, New York u.a. Oxford University Press: 192-211.

Lemoine, Jacques; Chiao Chien (Hg.) 1991 *The Yao of South China. Recent International Studies*. Paris. Pangu, Editions de l'A.F.E.Y.

Leuschner, Friedrich Wilhelm 1926 *Von den Ureinwohnern Chinas. Erste Nachrichten eines Sachkundigen über das Volk der Jautz in den Bergen der Provinz Kwangtung*. Berlin. Heimatdienst-Verlag.

Ling, Zeng-seng 1929 *Recherches ethnographiques sur les Yao dans la Chine du Sud*. Paris. Presses Universitaires de Franc.

Litzinger, Ralph A. 1994 *Crafting the Modern Ethnic. Yao Representation and Identity in Post-Mao China*. Ann Arbor. University Microfilms International.

Lombard, Sylvia J.; Purnell, Herbert C. 1968 *Yao-English dictionary*. Linguistic series II, Cornell University Southeast Asia Program Data Paper 69. Ithaca, New York.

MacDonald, Jeffery L. 1997 *Transnational Aspects of Iu-Mien Refugee Identity*. New York, London. Garland Publishing.

Miles, Douglas 1972 Yao Bride Exchange, Matrifiliation and Adoption. *Bijdragen tot de Taal-, Land- en Volkenkunde 128*: 99-117.
1976 Prophylactic Medicine and Kin Units among Yao Ancestor Worshipers. In: Newell, W.H. (Hg.): *Ancestors*. The Hague. Mouton: 309-327.

Obi, Lucia; Müller, Shing 1997 Religiöse Schriften der Yao. Überblick über den Bestand der Yao-Handschriften in der Bayerischen Staatsbibliothek. *Nachrich-*

ten der Gesellschaft für Natur- und Völkerkunde Ostasiens, Hamburg 161-162: 39-86.

Salzner, Richard 1960-61 Die Yao: Ihre Namen und Bezeichnungen. *Oriens 13-14*: 265-283.

Savina, Francois M. 1926 Dictionnaire française-mán, précédé d'une note sur les Mán Kim-Di-mun et leur langue. *Bulletin de l'Ècole Française d'Èxtrême-Orient 26*: 11-255.

Shiratori Yoshirô 1976 The Passport of Yao Tribe and its Historical Background. Asie du Sud-Est Continentale; *Actes du 29e Congrès International des Orientalists*, Paris, Juillet 19, Bd. 3. Paris. L'Asiathèque.

Strickmann, Michel 1982 The Tao among the Yao. Taoism and the Sinification of South China. In: *Peoples and Cultures in Asiatic History. Collected Essays in Honour of Professor Tadao Sakai on his on his Seventieth Birthday*. Tôkyô. Kokusho Kankôkai: 23-30.

Stübel, Hans 1938 The Yao of the Province of Kuangtung. *Monumenta Serica 3.2*: 345-384.

Takemura Takuji 1975 *Clan Organization and Merit-Making Systems among the Yao, Northern Thailand.* Chiangmai. Tribal Research Centre.

Tan Chee Beng 1975 The Yao People. An introduction. In: Walker, Anthony R. (Hg.): *Farmers in the hills. Ethnographic Notes on the Upland Peoples of Northern Thailand.* Penang. Penerbit Universiti Sains Malay: 21-31.

ter Haar, Barend J. 1998 A New Interpretation of the Yao Charters. In: van der Velde, Paul; McKay, Alex (Hg.): *New Developments in Asian Studies*. London. Kegan Paul International: 3-19.

Wist, Hans 1938 Die Yao in Südchina nach Berichten neuer chinesischer Feldforschungen. *Baessler Archiv A.F. 21*: 73-135.

Yang Chengzhi 1937 Introduction to the Report of an Ethnographical Investigation of Yao People. *Minsu 1.3*: 1-6.

Yen Fu-li [Fritz Jäger]; Shang Cheng-zu 1929 Bericht über die Erforschung der Yao von Ling-yün in der Provinz Kuang-hsi. *Zeitschrift für Ethnologie 61*: 386-391.

Zhang Youjuan 1991 A simple explanation of Taoism among the Yao of the One Hundred Thousand Mounts. In: Lemoine, Jacques; Chiao Chien (Hg.): *The Yao of South China. Recent International Studies*: 311-346.